BUNTER BASTELSPAß

FÜR KIDS

Inhalt

Vorwort

In diesem Buch lernst du, was für tollte Bastelideen sich mit Klorollen, Pappbechern, Steinen und Fingerstempeln kinderleicht umsetzten lassen. Mit etwas Farbe, Papier und ein paar Bunt- und Filzstiften lassen sich eine Vielzahl an bunten Motiven gestalten.

Bevor du mit dem Basteln anfängst, solltest du dir jedoch zuerst die Grundanleitung durchlesen. Dort erkläre ich dir, wie du deine Papiere zuschneidest, die Materialien bemalst, verzierst oder beklebst und du bekommst hilfreiche Tipps, die dir das Arbeiten erleichtern.

Suche dir gleich dein Lieblingsprojekt aus und staune, wie schnell sich mit wenigen Handgriffen zauberhafte Einhörner, bunte Mandalas und wilde Indianer erschaffen lassen.

Ich wünsche dir viel Spaß beim Ausprobieren!

Schere

Radiergummi

Schaschlikstäbchen

Bleistift

Wäsche-klammer

Fineliner

Lackmalstift
in Dünn   und Dick

Spitzer

Filzstifte

Das brauchst du

Hier siehst du alle Materialien im Überblick, die du für die Modelle im Buch brauchst! Lege dir die Materialien am besten immer erst zurecht, bevor du loslegst. So kannst du ungestört arbeiten.

Buntstifte

Wattestäbchen

Zahnstocher

Zickzack-Schere

Prickelnadel

0 1 2 3 4 5 6 7 8 9 10 11 12 13 14 15 16 17 18 19 20
Lineal

ARDA · 289 / 20
MADE IN ITALY

Nähgarn

Wollreste

Chenille-draht

Papierstrohhalme

Strasssteine

Knöpfe

Pinsel

Wackelaugen

Wattestäbchen

Holzperlen

Acrylfarben

Blütenstempel

Holzleim

Alleskleber

UHU stic

7

Vorlagen übertragen und Teile ausschneiden

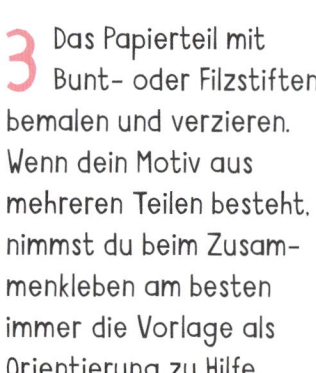

1 Lege ein Stück Transparentpapier auf deine Vorlage und fahre sie mit einem Bleistift nach.

3 Das Papierteil mit Bunt- oder Filzstiften bemalen und verzieren. Wenn dein Motiv aus mehreren Teilen besteht, nimmst du beim Zusammenkleben am besten immer die Vorlage als Orientierung zu Hilfe.

Formen zusammenkleben

2 Drehe die abgepauste Vorlage um und fahre sie auf der Rückseite nach. Dann legst du das Transparentpapier wieder mit der „richtigen Seite" nach oben auf das gewünschte Papier und ziehst erneut alle Linien nach. Durch den Bleistift auf der Rückseite wird die Vorlage dabei übertragen. Nun kannst du dein Teil ausschneiden.

Prinzipiell kannst du beim Basteln auf die Papiere in deiner Bastelkiste zurückgreifen. Beachte dabei, dass Tonpapier dünner ist und sich besser und einfacher zuschneiden lässt, wohingegen Fotokarton zwar stabiler, aber etwas schwieriger zu verarbeiten ist.

Gesichter malen

Gesichter malst du am besten immer mit einem Filzstift oder mit Buntstiften auf. Lege dafür ein Stück Transparentpapier auf die Vorlage und fahre das Gesicht mit Bleistift nach. Drehe das Papier um und zeichne es noch einmal auf der Rückseite nach. Nun drehst du das Transparentpapier erneut um, legst es auf das Papier oder und fährst das Gesicht ein letztes Mal nach, dabei überträgt es sich. Mit Bunt- oder Filzstift nachfahren.

Durch das Ändern der Mundform bekommt deine Figur ruckzuck unterschiedliche Gesichtsausdrücke.

glücklich   traurig   zornig

Augen können auch Wattekugeln, Kreise aus Papier oder Wackelaugen sein.

Male mit einem rosafarbenen Buntstift auf einem Stück Schleifpapier. Dabei entstehen feine Farbbrösel, die du auf einem kleinen Stück Papier sammelst. Die Farbe mit einem Wattestäbchen aufnehmen und für die Wangen vorsichtig auftupfen.

... mit Steinen basteln

Steine gibt es in den unterschiedlichsten Größen und Formen. Ob viereckig, schön rund, oval oder länglich – manche Steine werden dich sicherlich gleich an eine Figur erinnern und auf Ideen bringen. Lass dich von der Natur insprieren!

Wasche deine Steine gut ab und lass sie trocknen, bevor du mit dem Bemalen beginnst.

Damit die Farben schön leuchten, solltest du die Steine immer zuerst mit weißer Bastel- oder Acrylfarbe grundieren.
Danach malst du die „richtige" Farbe auf.

Größere Farbflächen bemalst du mithilfe eines dicken Pinsels – das geht am einfachsten.

Gib Farbe und kleine Kieselsteine in einen Joghurtbecher und rühre mit einem Pinsel, bis sie bunt sind. Die Steine auf einem Küchenpapier trocknen lassen.

Punkte tupfst du vorsichtig mit einem Watte- oder Schaschlikstäbchen auf.

Für schöne kleine Details und Akzente verwendest du Bunt- oder Filzstifte, Wachsmalkreide oder einen Lackmalstift. Wenn du deine Figuren im Freien stehen lassen möchtest, solltest du darauf achten, wasserfeste Farbe zu verwenden.

Um Steine auf einen Untergrund oder zusammenzukleben, kannst du Holzleim verwenden. Nimm dafür ein Schaschlikstäbchen zu Hilfe, tauche es in den Leim ein und gib eine kleine Menge auf die gewünschte Stelle. Damit der Kleber gut haften bleibt, solltest du deine Figuren über Nacht trocknen lassen. Wenn dir das zu lange dauert, kannst du auch einen festen Klebstoff (zum Beispiel UHU hart) verwenden.

SUUMMM

SUUMMM

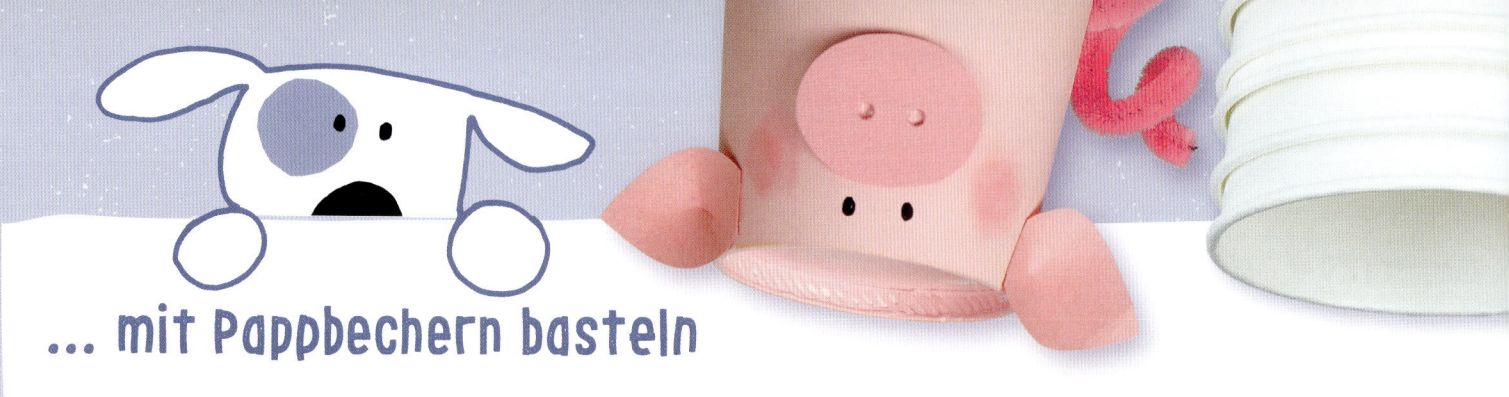

... mit Pappbechern basteln

Damit deine Becher schön bunt leuchten, malst du sie am besten mit Acryl- oder Bastelfarbe an. Nimm dafür einen dickeren Pinsel zu Hilfe und beginne am offenen Becherende. Wenn du den überstehenden Rand weiß lassen möchtest, setzt du den Pinsel unterhalb an und drehst den Becher. Sollte die Farbe nicht gut decken, malst du nach dem Trocknen einfach noch eine weitere Schicht auf.

Muster, wie zum Beispiel die Streifen beim Piraten, malst du immer erst dann auf, wenn die Grundfarbe getrocknet ist.

Mit Bunt- und Filzstiften oder einem schwarzen Fineliner kannst du deine Pappbecherfiguren schön verzieren.

Pappbecher findest du in jedem gut sortierten Supermarkt. Meistens sind sie einfach nur weiß, in der Partyabteilung gibt es oft aber auch gemusterte Becher. Weiße Pappbecher malst du ganz einfach mit einer Grundfarbe an, danach kannst du sie nach Lust und Laune mit Papier oder Bunt- und Filzstiften weiter verzieren.

RAUS AUF DIE WIESE ZUM SPIELEN!

JUHUU!

PIEP

12

Kleine Akzente setzt du ganz
einfach mit einem Lackmalstift.

Punkte tupfst du vorsichtig mit
einem Schaschlikstäbchen oder
dem Ende eines Pinsels auf. Für
größere Punkte kannst du ein
Wattestäbchen verwenden.

PIEP

Zickzack-
Schere

Papiere selbst gestalten

Anstatt gemustertes Papier zu kaufen kannst du auch deine eigenen Muster entwerfen und die Papiere damit gestalten. Ob Kringel, Punkte, Blümchen oder Karomuster: Mit nur ein paar Strichen erschaffst du wahre Unikate.

Papier gibt es in ganz vielen verschiedenen Farben und Stärken. Tonpapier und Foto-karton eignen sich zum Basteln am Besten. Tonpapier ist dünner und lässt sich einfacher zuschneiden, wohingegen Fotokarton stabiler, aber auch etwas schwieriger zu verarbeiten ist. Prinzipiell kannst du zum Basteln auf die Papiere in deiner Bastelkiste zurückgreifen. Eine bunte Mischung aus Wellpappe, Tonpapier und Fotokarton, gemusterten Papieren oder Zeitungs- und Packpapier sieht immer sehr schön aus.

Symmetrisch ausschneiden

Damit deine Papierteile schön gleichmäßig aussehen, ist es manchmal hilfreich, sie erst in der Mitte zu falten und dann auszuschneiden.

Ziehharmonika falten

Falte das Papier in gleichmäßigen Abständen abwechselnd nach vorne und nach hinten, um eine Ziehharmonikafaltung zu erhalten. Die Knicklinie immer fest glattstreichen.

Spiralen drehen

Wickle einen schmalen Tonpapierstreifen ganz eng um ein Holzstäbchen und lasse es wieder los.

Stempeln und verzieren

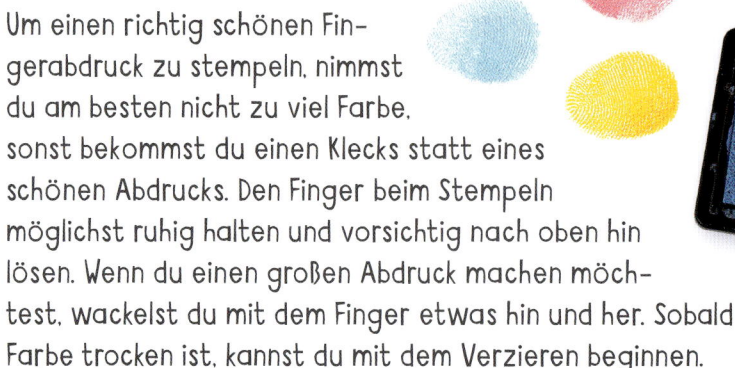

Stempelkissen

Zum Stempeln kannst du entweder herkömmliche Stempelkissen benutzen oder Bastel- oder Acrylfarbe verwenden.

Mit dem Daumen stempelst du schöne große Ovale.

Mit dem Zeigefinger gelingen dir senkrecht stehende Abdrücke für längliche Figuren am einfachsten.

Für kleinere, schöne runde Abdrücke stempelst du mit der Spitze des Mittelfingers.

Ein schmaler, langer Abdruck gelingt dir am besten, wenn du mit der Seite deines Ringfingers stempelst.

Mithilfe der Spitze deines kleinen Fingers entstehen ganz kleine, runde Abdrücke.

Um einen richtig schönen Fingerabdruck zu stempeln, nimmst du am besten nicht zu viel Farbe, sonst bekommst du einen Klecks statt eines schönen Abdrucks. Den Finger beim Stempeln möglichst ruhig halten und vorsichtig nach oben hin lösen. Wenn du einen großen Abdruck machen möchtest, wackelst du mit dem Finger etwas hin und her. Sobald die Farbe trocken ist, kannst du mit dem Verzieren beginnen.

Wenn du dein eigenes Stempelkissen basteln möchtest, gib etwas Farbe auf ein Makeup-Schwämmchen und tauche den Finger in die Farbe. Säubere den Schwamm jedes Mal, wenn du die Farbe wechselst.

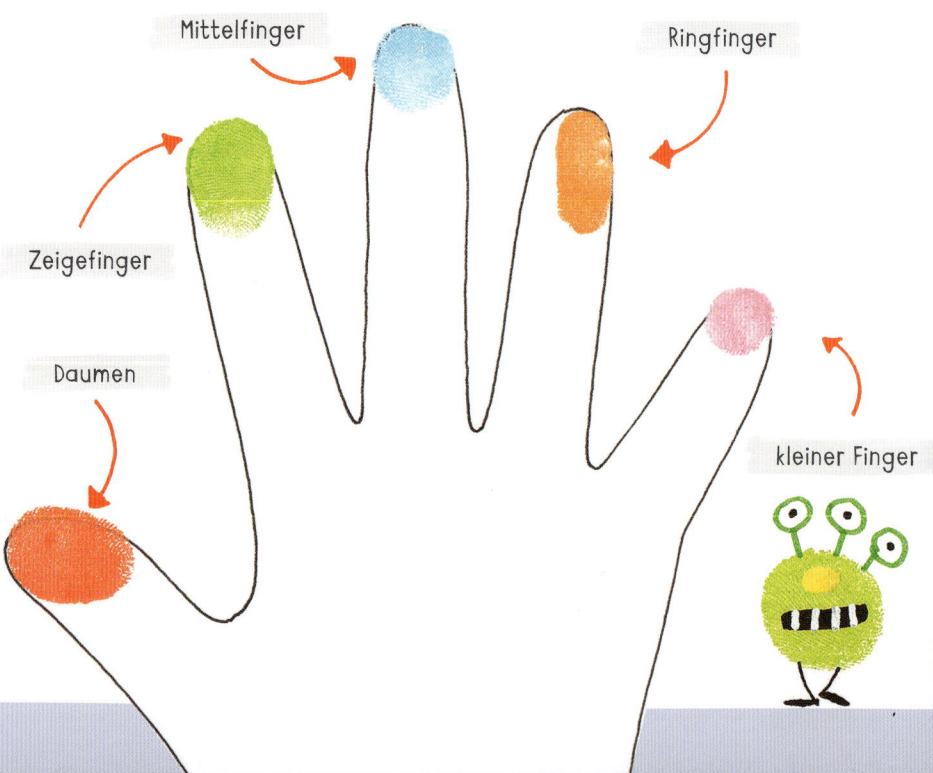

Mittelfinger

Ringfinger

Zeigefinger

Daumen

kleiner Finger

Kleine Akzente setzt du ganz einfach mit einem Lackmalstift.

Mit Bunt- und Filzstiften oder einem schwarzen Fineliner kannst du deine Abdrücke schön verzieren.

Punkte tupfst du vorsichtig mit einem Schaschlik-stäbchen auf.

WUFF, WUFF!

Um kleine Details, wie etwa die Ohren der Maus aufzutupfen, verwendest du ein Wattestäbchen.

Wenn du einen halben Ab-druck stempeln möchtest, legst du einen Papierstreifen auf dein Blatt und stempelst nur zur Hälfte darauf.

17

Bänder

Wollfaden

Basteln mit Naturmaterialien

Die hier abgebildeten Naturmaterialien findest du – in diesen schönen Farben – vor allem im Herbst. Sammle viele bunte Blätter und trockne sie, dann hast du das ganze Jahr über genügend Bastelmaterialien. Auch Beeren und Hagebutten kannst du trocknen. Aufbewahren kannst du die Materialien am besten in Schuhkartons.

Vieles von den abgebildeten Materialien findest du in Parks und im Wald auf dem Boden liegend. Verwende diese heruntergefallenen Sachen zum Basteln und reiße möglichst nichts von den Bäumen und Sträuchern ab.

Achte darauf, dass du keine unter Naturschutz stehende Pflanzen zum Basteln verwendest.

Zapfen

Holzscheiben

Moos

Wattekugel

Blätter

Holzkugeln

Korken

Draht

Nüsse

Naturmoos

Kastanien

Zündhölzer

Wichtig: Nehme die Materialien nicht in den Mund und wasche dir nach dem Basteln immer die Hände!

Eicheln

Bucheckern

Beeren

Hagebutten

... mit Klorollen basteln

Wenn du eine Klorolle kürzen möchtest, machst du in der gewünschten Höhe mehrere kleine Mar-

kierungen mit dem Bleistift. Drücke die Rolle an der Markierung vorsichtig mit den Fingern zusammen und schneide mit der Schere einen kleinen Schlitz ein. Dann schneidest du entlang der Markierung um die Rolle herum.

Um deinen Figuren manchmal einen besseren Stand zu geben, schneidest du die Klorolle unten in gleichmäßigen Abständen ein und wickelst die Streifen um einen Bleistift.

Klorollen

Punkte tupfst du am besten mit einem Schaschlik- oder Wattestäbchen auf.

Klorollen sind wahre Verwandlungskünstler. Doch das Beste ist: Die kleinen Papprollen hat jeder zu Hause, sie kosten nichts und mit ein bisschen Farbe, Papier und Wackelaugen entstehen im Nu lustige Figuren und tolle Geschenke. Fang gleich an zu sammeln und stürze dich in die Bastelvorbereitungen.

Klorollen müssen nicht unbedingt rund bleiben! Drücke die Rolle vorsichtig von zwei Seiten her zusammen, und schon hast du eine eckige Form.

Du kannst deine Klorollen ganz einfach und ohne Kleber verschließen, indem du die Rolle an der Öffnung von beiden Seiten mittig eindrückst.

Wenn du deine Steinfiguren aufkleben möchtest, kannst du als Untergrund einen festen Karton (mindestens 2 mm dick), einen Keilrahmen oder den Deckel einer weißen Schuhschachtel verwenden. Male zuerst dein Bild und klebe dann die Steine auf.

Manchmal musst du die Steine beim Ankleben etwas stützen, damit sie trotz ihres Gewichtes an Ort und Stelle bleiben, während der Kleber trocknet.

Jetzt geht's los

Die wichtigsten Hinweise zu den verschiedenen Techniken und Materialien hast du jetzt gelernt. Nun kann es mit deinem ersten Bastelprojekt losgehen. Suche dir auf den folgenden Seiten deine Lieblingsmotive aus, schnappe dir Schere, Farben und Co. und finde heraus, wie du die lustigen Steinfiguren, die niedlichen Pappbecherküken oder die freundlichen Fingerstempeltiere selbst bastelst!

Und wenn deine ersten Figuren und Bilder fertig sind, kannst du nach Lust und Laune entscheiden, ob du sofort mit dem Spielen loslegen oder weiter basteln möchtest!

Ich wünsche dir viel Spaß dabei!

Wie Hund und Katz'

Wie sieht wohl dein Haustier aus Steinen aus? Lege dir einen kleinen Vorrat an Steinen an, suche die schönsten aus und finde es heraus!

1 Verziere den Kopf und die Ohren des Hundes mit blauen Flecken. Die Nase wird schwarz. Male die Augen auf und klebe die Ohren an.

2 Die Hose des Hundes aufmalen und die Punkte mit einem Wattestäbchen auftupfen. Binde eine kleine Schleife und klebe sie fest. Dann den Hund zusammenkleben.

3 Das Näschen der Katze rosa anmalen und nach dem Trocknen aufkleben. Das Gesicht malst du anschließend mit dem Filzstift auf.

4 Die Hose aufmalen und nach dem Trocknen die Streifen ergänzen. Setze die Katze mit etwas Holzleim zusammen und klebe kleine Kieselsteine als Schwanz dazu.

YUMMY!
EIN VÖGELCHEN!

Das brauchst du:

* runde, ovale und dreieckige Steine
* Bastelfarben
* dünner Filzstift in Schwarz
* Holzleim
* Band in Rot mit Punkten

25

SUMM SUMM...

Blütenstempel wie diese findest du im Bastelladen. Du kannst aber auch angemalte Streich-hölzer verwenden.

Auf einen festen weißen Karton kannst du diese Wiese malen.

Hier ist eine Blume schöner als die andere. Die unterschiedlich geformten Steine machen das Blumenmeer dabei erst so richtig interessant. Wie sieht es auf deiner Blumenwiese aus?

SUMM...

Kleine Kieselsteine kannst du ganz schnell und einfach wie auf Seite 10 beschrieben anmalen.

Alles mit Holzleim ankleben.

Klebe kleine Strasssteine auf und deine Blume funkelt schön.

Bunte Eierjagd

Die Hasenohren und das Schwänzchen stempelst du mit einem Wattestäbchen auf.

Hase

Küken

Huhn

Ostereier

Koche die Eier ab und lass sie auskühlen. Dann stempelst du dein Lieblingsmotiv auf. Damit deine Abdrücke gut sichtbar sind und sich schön abheben, nimmst du bei braunen Eiern am besten helle Farben. Die Farbe gut trocknen lassen und die Figuren mit Filzstiften verzieren.

Wie wäre es noch mit einem kleinen Ostergruß an Oma und Opa? Schneide ein Stück Tonkarton zurecht und los geht's!

Frohe Ostern!

Für Mama

Verzaubertes Einhorn

1 Male die Klorolle für den Körper weiß an. Die Klorolle für den Kopf schneidest du gemäß Vorlage zu und bemalst sie mit rosa und weißer Farbe. Gut trocknen lassen.

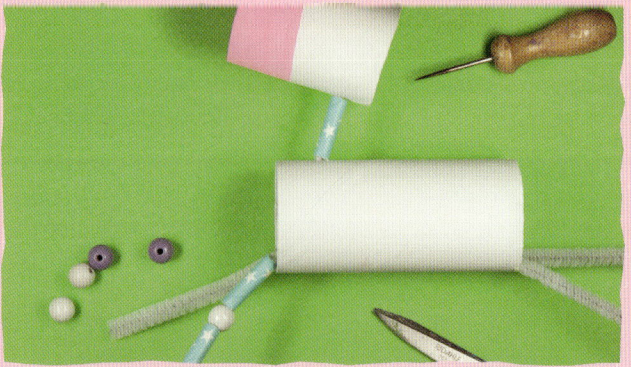

2 Für die Beine und den Hals den Chenilledraht und die Strohhalme zuschneiden und wie auf dem Bild auffädeln. Die Beine einkleben und den Hals aufstecken.

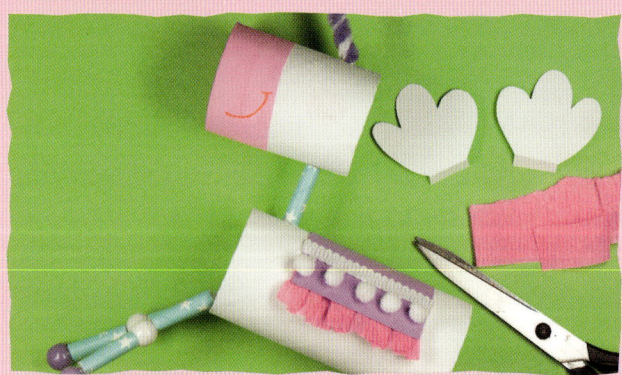

3 Die Decke ausschneiden, mit Krepppapier und dem Band verzieren und aufkleben. Dann die Flügel ankleben. Das Horn aus zwei Chenilledraht-stücken zusammendrehen und in den Kopf stecken.

4 Klebe ein kleines Bündel Wolle zusammen und fixiere es um das Horn. Als Letztes das Gesicht (siehe Seite 9) aufmalen.

Wenn du an Schnauze und Hinter-
teil einen Faden befestigst,
gleitet dein Einhorn wie von
selbst durch die Lüfte.

Für die Einhornbeine kannst du
auch Strohhalme aus Plastik
oder nur Perlen auffädeln.

Das brauchst du:

* 2 Klorollen
* Bastelfarbe in Weiß und Rosa
* Chenilledraht in Hellviolett
  und Violett
* 4 Papierstrohhalme
* je vier Holzperlen
  in Weiß und Violett, ø 1 cm
* Tonpapier in Hellviolett
  und Weiß
* Krepppapier in Rosa
* Pomponband in Weiß
* Wollrest in Pink
* dünner Filzstift in Schwarz
* Buntstift in Rot
Vorlage Seite 112

Den Drachen bastelst du wie das Einhorn auf Seite 30 (Vorlage siehe Seite 112+116).

Ritterburg

1 Für die Türme schneidest du acht Klorollen an einer Seite oben mit 1 cm Abstand ca. 1 cm weit ein. Knicke jede zweite Zinne nach innen um und klebe sie fest.

2 Klebe vier Türme mit Holzleim und Pinsel auf die Unterseite eines beliebig großen Schuhkartons und male Fenster auf. Die Schachtel mit Tonpapier umkleben und gemäß Vorlage Zinnen einschneiden. Dann klebst oder malst du die Tür auf.

3 Für die Außenmauer vier Wände (beliebig lang, 8 cm hoch) aus festem Karton zuschneiden und mithilfe der restlichen Türme verbinden.

4 Das Tor ausschneiden und mit Fäden an der Außenmauer befestigen.

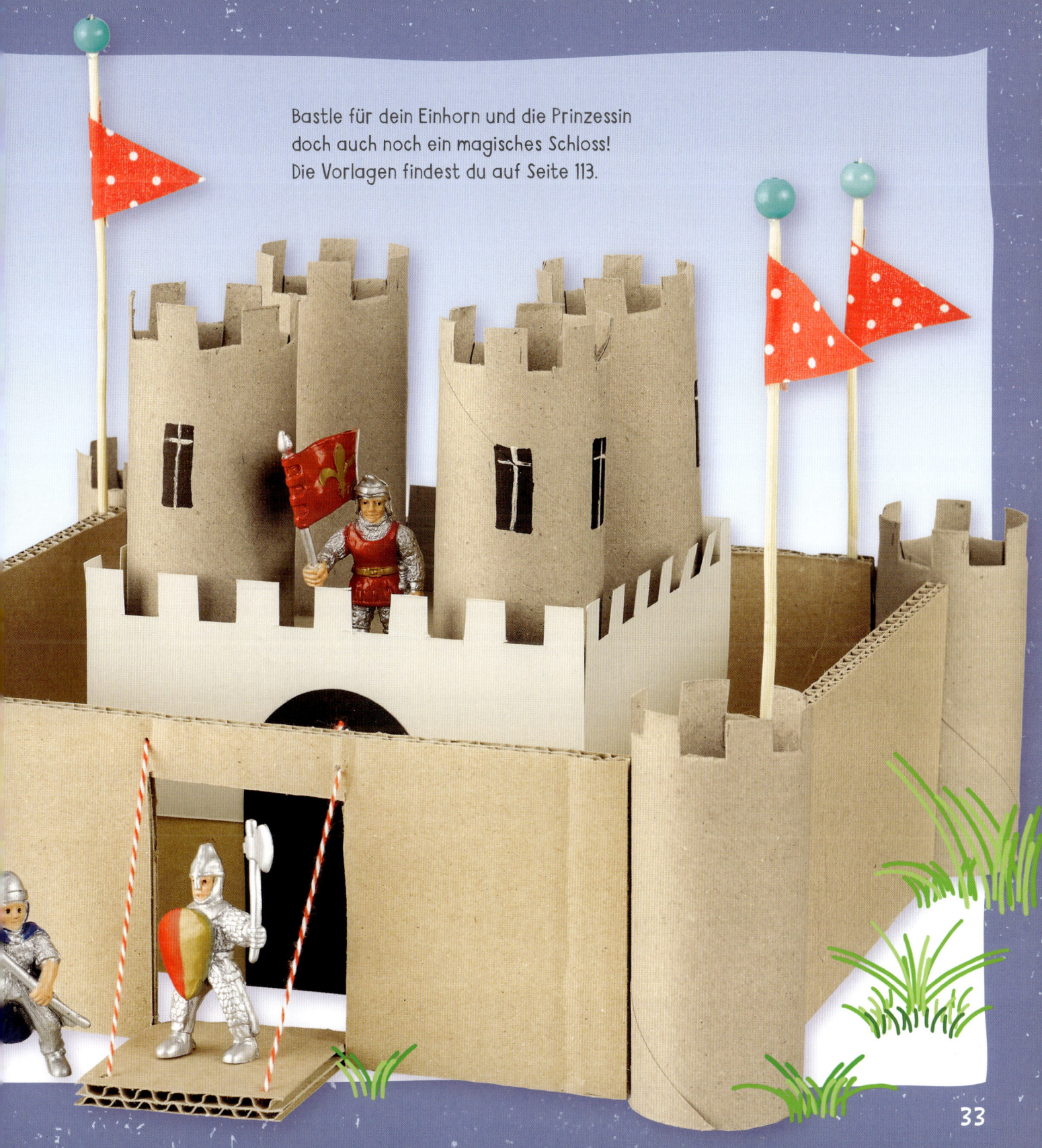

Bastle für dein Einhorn und die Prinzessin
doch auch noch ein magisches Schloss!
Die Vorlagen findest du auf Seite 113.

Prinzessin mit Frosch

1 Male zuerst das Gesicht und dann das Kleid auf eine Klorolle auf. Für den Saum des Kleides die zweite Rolle einschneiden und aufrollen (siehe Seite 20) und ebenfalls anmalen.

2 Sobald die Farbe trocken ist, das Kleid mit den Bändern verzieren. Die Stoffrose klebst du vorne mittig auf die unteren Bänder.

3 Jetzt drei lange Bastfäden mit dem Garn zusammenbinden. Den Bast möglichst breit entfalten, mit dem abgebundenen Stück in der Gesichtsmitte um den Kopf kleben und seitlich einen Zopf flechten. Das Zopfende sicherst du mit einem Stück Band.

4 Male das Gesicht auf (siehe Seite 9). Dann schneidest du noch die Krone aus, klebst sie zusammen und fixierst sie auf den Haaren. Die Krone mit den Strasssteinen verzieren. Zuletzt die Klorollen vorsichtig ineinander schieben.

Das brauchst du:

* 2 Klorollen
* Bastelfarbe in Haut-
  farbe und Rosa
* verschiedene Bänder
* Stoffrose in Rosa
* Bast in Gelb
* Nähgarn in Weiß
* dünner Filz-
  stift in Schwarz
* Buntstift in Rot
* Tonpapier in
  Hellviolett
* 8 Strasssteine

Vorlage Seite 113

Für den Frosch Wattekugeln
(Kopf ø 2,5 cm, Augen ø 1 cm
und Hände ø 8 mm) anmalen
und verzieren und an eine
abgeschnittene Klorolle kleben.
Den Kopf dabei mit einem
Schaschlikstäbchen stützen.

Den Brunnen mit
einem Filzstift ver-
zieren und ein Stück
Band am Froschhals
anbringen.

Mama Huhn mit Küken

Diese süßen Frühlingsboten eignen sich perfekt als Deko für den Ostertisch.

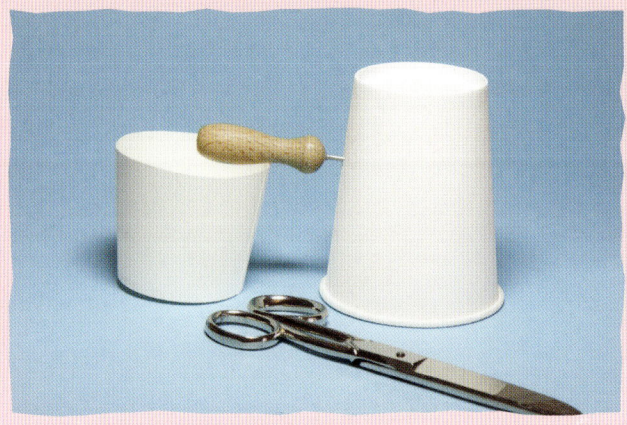

1 Für das Unterteil das obere Becherdrittel abschneiden. In den zweiten Becher auf dem Kopf und auf Flügelhöhe ein Loch bohren.

2 Die Flügel ausschneiden und mit je einem Reißnagel an den zuvor gebohrten Löchern befestigen.

3 Nun die Füße und den Schnabel aus Tonkarton ausschneiden und ankleben. Für den Kamm den Chenilledraht dreimal gemäß Vorlage biegen und in den Kopf stecken.

4 Die Augen aufmalen und die Wangen wie auf Seite 9 beschrieben auftupfen. Dann kannst du das Huhn zusammensetzen.

Das brauchst du:

* 2 Pappbecher
* Prickelnadel
* Karopapier
* Reißnägel
* Tonkarton in Gelb und Orange
* Chenilledraht in Pink
* dünner Filzstift in Schwarz
* Buntstift in Rot

Vorlage Seite 120

PIEP!

Das Küken bastelst du wie die Henne, male die Becher jedoch zuerst gelb an.
Den Mund doppelt ausschneiden und wie zu sehen aufkleben. Anstelle des
Kamms steckst du dem Küken eine Feder in den Kopf.

Muh, mäh, quak und oink - auf dem Bauernhof ist immer etwas los! Doch welches Tier ist dein Lieblings-Stallbewohner? Die Vorlagen für diesen bunten Haufen findest du auf Seite 120/121.

Für die Locken knüllst du kleine Seidenpapierstücke zusammen und klebst sie auf.

PIEP PIEP

OINK OINK

Für die Hörner stichst du mit der Prickelnadel Löcher in den Becher und steckst kurze Chenilledrahtstücke ein.

QUAK QUAK

3 Für den Euter Wattestäbchen rosa anmalen, kurz schneiden und ankleben.

1 Wickle ein Stück Chenilledraht um einen Stift und dein Schwein bekommt ein Ringelschwänzchen.

2 Die Ohren schneidest du an der gestrichelten Linie ein und klebst die Schnittkanten aufeinander. Als Nase kannst du einen Knopf aufkleben.

Die Vorderbeine klebst du an der Becherinnenseite fest. Die Hinterbeine mittig umbiegen und an der Seite ankleben.

Buntes Mandala

1 Mit einem dicken Pinsel acht Streifen malen und in die Mitte einen großen Stein kleben.

2 Male kleine Kieselsteine bunt an. Danach klebst du Sie um den großen Stein.

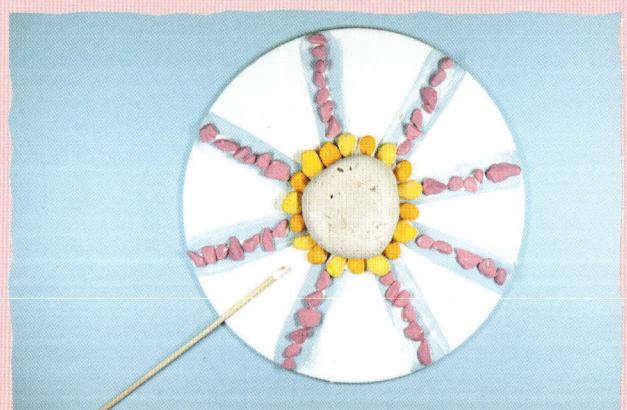

3 Färbe noch mehr Kieselsteine in weiteren Farben ein. Gib mit einem Holzstab etwas Leim auf die Streifen und klebe die Steine auf.

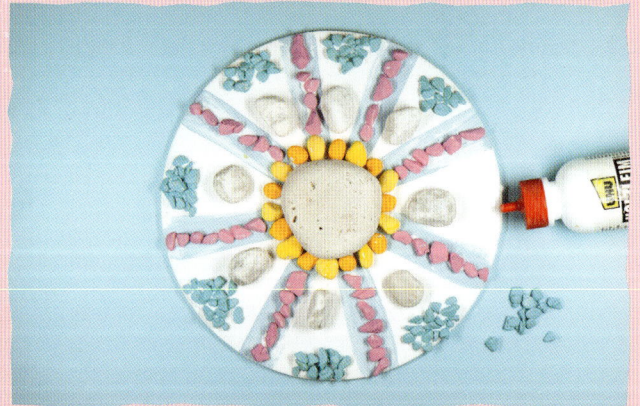

4 Zum Schluss noch einmal ein paar Steinchen färben und das Mandala wie auf dem Bild fertig verzieren.

Das brauchst du

* Tortenscheibe oder Bierdeckel
* Steine in verschiedenen Größen
* Bastelfarben
* Holzleim

41

Indianer

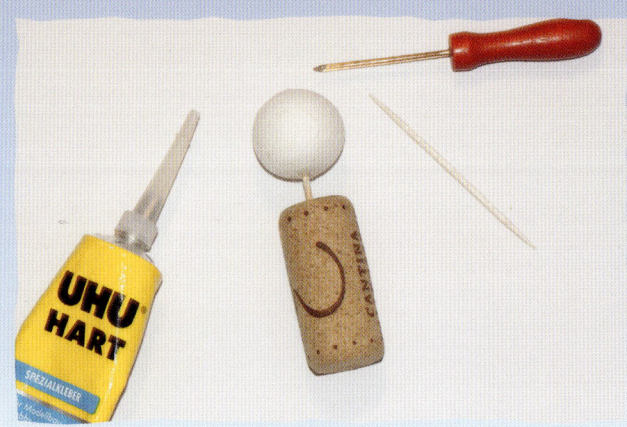

1 Mit einer Prickelnadel oben ein Loch in den Korken bohren. Den Zahnstocher in der Mitte durchbrechen und in das Loch einkleben. Auf dem Zahnstocher befestigst du später den Kopf.

2 Ein Stück der Wolle mit Uhu Alleskleber einstreichen und die Wolle, Runde für Runde, um den Korken wickeln. Das Ende des Wollfadens wieder mit etwas Uhu Alleskleber einstreichen und mithilfe eines Zahnstochers unter die aufgewickelte Wolle schieben. So wird das Wollkleid fixiert.

3 Ein paar Wollfäden auf den Kopf kleben, gut trocken lassen und anschließend Zöpfe flechten. Zum Schluss ein Wollstück um die geflochtenen Zöpfe knoten.
Klebe den Kopf jetzt auf den Zahnstocher.

4 Mit der Prickelnadel zwei Löcher in die Seiten des Korkens bohren. Aus Draht zwei Arme Formen und einkleben. Die Figuren mit Bändern und Blättern verzieren.

Das brauchst du:

* Wattekugeln, ø 3 cm
* Korken in verschiedenen Größen
* Wollreste
* Stoffbänder
* Filzreste
* Papierreste
* Zahnstocher
* Blätter und Zweige
* Blumendraht in Braun
* Sternanis
* Eichelhut
* Wackelaugen

Oster-Körbchen

Bastle doch gleich mehrere Körbchen und fülle sie zu Ostern für deine Freunde.

1 Schneide für das Körbchen den oberen Rand eines Bechers ab und übertrage die Vorlage.

2 Die aufgezeichneten Blüten ausschneiden und umbiegen. Die Hasenohren ausschneiden und am Hasenkörper ankleben.

3 Jetzt malst du das Gesicht des Hasen auf (siehe Seite 9). Danach das Körbchen anmalen. Die Blütenblätter lässt du weiß.

4 Verdrehe je 2 Chenilledrahtstücke miteinander. Schneide sie beliebig lang zu und klebe die Enden von innen an den Becher.

Vorlage Seite 122

Das brauchst du:

* 2 Pappbecher
* Tonkarton in Weiß
* Buntstift in Rot
* dünner Filzstift in Schwarz
* Bastelfarbe in Hellgrün
* Chenilledraht in Rosa, Pink und Violett

EI EI EI ...

45

Diese Eulen kannst du mit einem Stück Schnur ans Fenster hängen!

1 Den Eulenkörper auf den Karton übertragen, ausschneiden und mit Buntstiften Federn aufmalen.

2 Für die Aufhängung oben ein Loch einstechen. Das Zeitungspapier für die Flügel zuschneiden und ziehharmonikaförmig falten. Die Flügel und die Federn ankleben.

3 Die Augenteile ausschneiden und den größeren Kreis rundum gleichmäßig einschneiden. Alle Teile aufkleben, die Pupille und den Lichtpunkt aufmalen und die Kordel für die Aufhängung einfädeln.

4 Den Schnabel unter die Augen kleben. Dann die Füße aus der Papierkordel nach Vorlage zurechtbiegen, auf den Ast fädeln und hinter den Körper kleben.

HUHU

Das brauchst du:

* Tonkarton in Hellblau
* Buntstifte
* Prickelnadel
* Zeitungspapier
* Federn
* Tonpapier in Gelb, Grün, Rosa und Weiß
* dünner Filzstift in Schwarz
* Lackmalstift in Weiß
* dünne Kordel
* Papierdrahtkordel
* kleiner Ast

Vorlage Seite 124/125

Damit deine Eule die Balance hält, die Füße mit einem Tropfen Heißkleber von einem Erwachsenen fixieren lassen.

47

Für richtig strahlende Augen schneidest du den größten Kreis bis fast zur Mitte ein.

Den Schnabel kannst du auch einmal in der Mitte knicken und über die Augen kleben.

Die gefalteten Flügel mit einer Klammer fixieren, bis du sie anklebst.

Eine andere Farbkombination hier und ein lustiges Augenpaar oder ein verrücktes Muster dort – mit nur ein paar kleinen Kniffen ändern deine Eulen blitzschnell ihr Aussehen! Kombiniere nach Lust und Laune und lass deiner Fantasie freien Lauf. Dir fallen sicher noch viele weitere Möglichkeiten ein.

Falte ein quadratisches Stück
Packpapier wie auf Seite 15
beschrieben zusammen und
schneide die Augen mithilfe
der Vorlage (siehe Seite 124)
aus. Einen Wellpappestreifen eng
aufrollen, das Ende fest- und
eine Perle aufkleben.

HUHUUU!

Lustige Meeresbewohner

1 Wähle für jeden deiner Fische einen passenden Stein aus. Grundiere dunkle Steine weiß. Dann den Fischkörper und die Schwanzflosse anmalen.

2 Jetzt malst du deinem Fisch Muster auf, zum Beispiel Punkte, Streifen oder kleine Schuppen. Trocknen lassen und weitere Muster hinzufügen.

Das brauchst du:

* Steine in verschiedenen Größen und Formen
* Bastelfarben
* Wackelaugen, ø 0,5 cm
* Lackmalstift in Weiß
* dünner Filzstift in Schwarz

BLUBB
BLUBB
BLUBB ...

3 Klebe nun die Wackelaugen an oder male sie mit einem weißen Lackmalstift auf. Die Pupillen und den Mund malst du mit einem dünnen Filzstift.

51

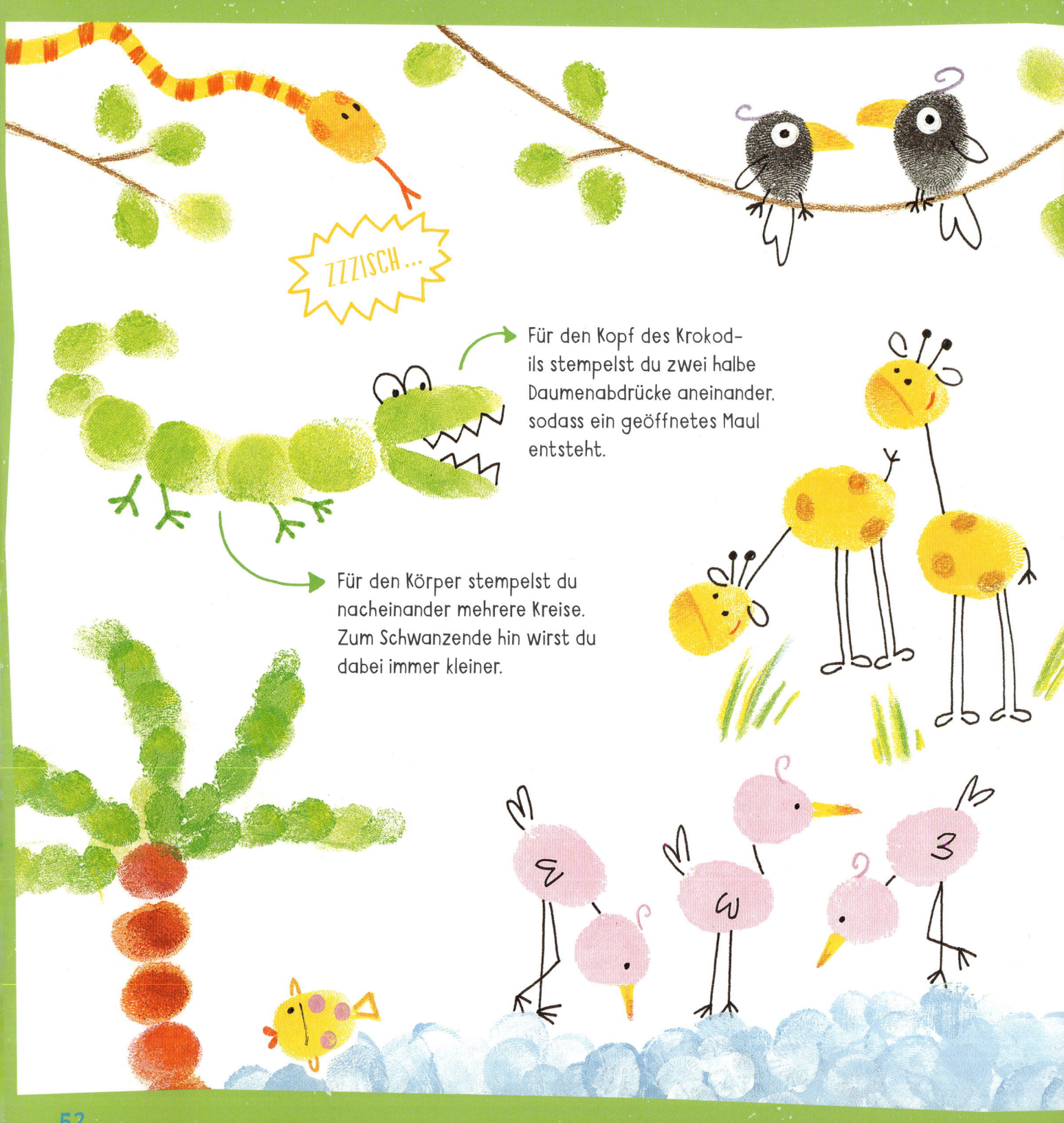

ZZZISCH...

Für den Kopf des Krokodils stempelst du zwei halbe Daumenabdrücke aneinander, sodass ein geöffnetes Maul entsteht.

Für den Körper stempelst du nacheinander mehrere Kreise. Zum Schwanzende hin wirst du dabei immer kleiner.

JIPPIIIIEEH!!!

BEI DEM PIEPT'S WOHL?

Das ist ja ein ganz schön wilder Haufen! Male ein Bild von deinen Lieblingstieren und erschaffe deinen ganz eigenen Dschungelalltag. Vielleicht fallen dir sogar noch andere Tiere ein?

GLUCK, GLUCK, GLUCK...

ROARRR!

Kleiner Schutzengel

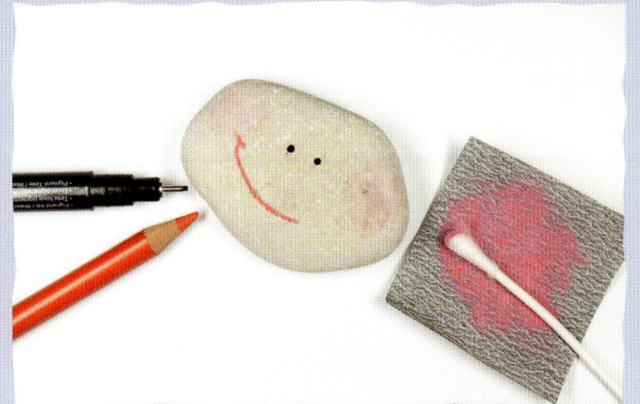

1 Beginne mit dem Gesicht. Die Augen malst du mit Filzstift, Wangen und Mund mit einem roten Buntstift auf (siehe Seite 9).

2 Male den Körper an. Anschließend tupfst du weiße Punkte auf das Oberteil auf und klebst den Knopf auf.

3 Die Besenborsten für die Haare mit einem kleinen Stück Draht umwickeln. Danach biegst aus Draht noch zwei Flügelchen zurecht.

4 Klebe die Flügel und die Haare an. Dann klebst du den Engel auf den Keilrahmen, malst Arme und Beine dazu und klebst die Füße auf.

Das brauchst du:

* Steine in verschiedenen Größen
* dünner Filzstift in Schwarz
* Buntstift in Rot
* Bastelfarben
* Lackmalstift in Weiß
* kleiner Knopf
* Holzleim
* Besenborsten
* Draht
* Keilrahmen, 15 cm x 15 cm

Mama, Papa, Bruder, Katze, Schwester: Mit Steinen kannst du wirklich alles basteln! Wie wäre es mit einem Porträt von deiner Familie? Beobachte deine Eltern und Geschwister einmal ganz genau und sei kreativ!

Für die Haare bindest du kleine Wollstränge zusammen und klebst sie auf den Kopf.

MIAAAU...

Du kannst deinen Figuren viele unterschiedliche Frisuren machen, zum
Beispiel Zöpfe. Binde die Haare dafür
einfach mit einer kurzen Kordel ab.

Königliche Krone

Mit einem Elastikfaden auf dem Kopf fixieren.

1 Schneide die Krone nach Vorlage aus und klebe sie vorsichtig zusammen. Die Spitzen leicht mithilfe eines Stiftes umbiegen.

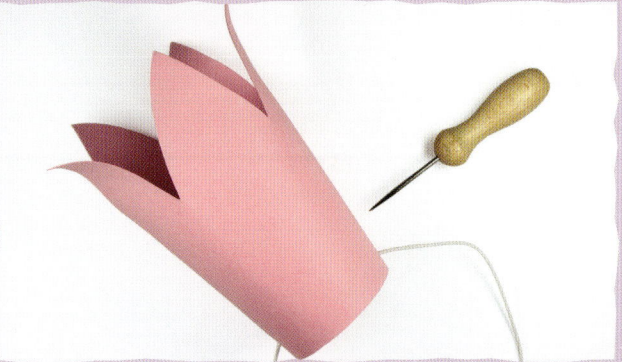

2 Mit der Prickelnadel seitlich zwei Löcher einstechen und das Gummiband durchfädeln. Die Länge vorher ausmessen. Die Enden verknoten.

3 Die Chenilledrahtstücke umeinander wickeln und mit Heißkleber aufkleben. Lass dir dabei von einem Erwachsenen helfen. Dann die Pompons aufkleben.

4 Jetzt die Krone mit Strasssteinen bekleben. Dabei mit einem Zahnstocher ganz wenig Klebstoff auf den Steinen verteilen, damit nichts an den Seiten herausquillt.

WO BLEIBT
MEIN PRINZ?

Das brauchst du:

* Tonkarton in Rosa
* Prickelnadel
* Gummiband
* Chenilledraht in Weiß und Pink
* Heißkleber
* 5 Mini-Pompons in Rosa,
  ø 1,5 cm
* Strasssteine
* Zahnstocher

Vorlage Seite 123

1 Die Klorolle für den Fischkörper platt drücken und den Kopf gemäß Vorlage abrunden. Dann schneidest du die Lippen und die Schwanzflosse aus der zweiten Rolle aus.

2 Male alle Teile in deinen Lieblingsfarben an. Gut trocknen lassen und den Fisch mithilfe eines dünnen Pinsels mit Punkten verzieren.

3 Ein Stück Paketschnur durch den Rücken ziehen und mit einem Knoten fixieren. Die Muscheln, Aststücke und Perlen auffädeln und das Auge aufkleben und verzieren. Den Fisch an den Ast binden.

4 Die Lippen einkleben und die Schnauze zusammentackern. Den Fisch an den Kanten zusammendrücken und zusammenkleben. Die Schwanzspitze mittig etwa 1 cm weit einschneiden und die Flosse einstecken.

Auch den Ast kannst du mit etwas Farbe verzieren.

Das brauchst du:

* je 2 Klorollen
* Bastelfarben
* Paketschnur
* Sticknadel
* kleine Muscheln, Ast-stücke und Perlen
* Tonkarton in Weiß
* Filzstift in Schwarz
* Ast
* Tacker
Vorlage Seite 114

Damit die Perlen und Muscheln nicht herunterrutschen, machst du am besten Knoten zur Sicherung.

Tief unter der Meeres-
oberfläche ist das Leben ganz schön
bunt! Welche Meeresbewohner
faszinieren dich am meisten?
Die Vorlagen für Meerjungfrau, Hai und
Co. findest du auf
Seite 114/115

Benutze kleine
Wattekugeln (ø 1 cm)
als Augen.

Die Haare eng um ein Schaschlikstäbchen
wickeln. So erhältst du schöne Locken.

Für die Tentakel die Rolle
unten einschneiden und die
Streifen um einen Bleistift wickeln.
Für die Antennen Stecknadeln in
eine eingeklebte Styropor®-Kugel
stecken.

Der Haikörper besteht aus zwei ineinandergeschobene Klorollen. Die Schwanzspitze drückst du wie beim Fisch zusammen (siehe Seite 60).

Für diese Mini-Fische eine Klorolle zusammendrücken und einen ca. 2 cm breiten Streifen abschneiden. Den Ring an einer Kante aufschneiden, bemalen und wie zu sehen wieder zusammenkleben.

Stich mit einer Prickelnadel kleine Löcher vor, bevor du beim Krebs die Beine aus Chenilledraht einsteckst.

Zirkus

1 Bemale zuerst die Korken mit den Acrylfarben und lasse sie gut trocknen.

2 Die Punkte kannst du mit einem Pinselstiel oder mit einem Schaschlikstab auf die Korken tupfen. Die Gesichtszüge zeichnest du mit einem feinen schwarzen Filzstift auf.

3 Schneide die Wolle in Streifen und klebe sie als Haare auf die Figuren. Anschließend klebst du die Pompons als Nasen und die Wackelaugen auf.

4 Mit einer Prickelnadel machst du an beiden Seiten des Clowns zwei Löcher, in die du dann die Arme aus Draht hineinklebst. Befestige dann die Schuhe und den Hut aus Papier mit etwas Kleber am Clown.

Die Gesichter der Ballerina und des Gewichthebers sind aus Korkscheiben gebastelt.

ICH BIN DER KÖNIG DER TIERE!

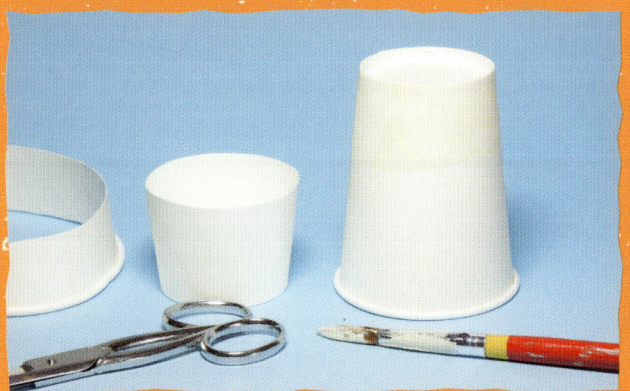

1 Schneide etwa ein Drittel des Bechers oben gerade ab. Lass dir dabei von einem Erwachsenen helfen.

2 Den nun kleinen Becher schwarz anmalen. Den großen Becher bemalst du mit roten Streifen für den Piratenkörper.

3 Schneide die Füße aus und klebe sie an den Unterkörper. Danach das Gesicht und die Augenklappe aufmalen. Vergiss die Wangen nicht (siehe Seite 9).

4 Etwas Wolle zusammenbinden und auf den Kopf kleben. Den Piratenhut gemäß Vorlage ausschneiden und verzieren und auf den Kopf setzen.

Das brauchst du:

* je 2 Pappbecher
* Bastelfarben in Rot, Türkis, Violett und Schwarz
* Fotokarton in Violett, Rosa und Schwarz
* dünner Filzstift in Schwarz
* Buntstift in Rot
* Wolle in Gelb und Orange
* Lackmalstift in Weiß

Vorlage Seite 121

67

Schildkröten–Freunde

Kleine Geschenke sehen besonders süß aus, wenn sie deine Schildkröten auf dem Rücken transportieren.

1 Male den Becher für die rechte Schildkröte hellblau an und verziere ihn nach dem Trocknen mit Blümchen und Kreisen.

2 Für die andere Schildkröte den Becher türkis anmalen und mit Streifen, Bögen und Punkten verzieren.

3 Schneide Füße, Hals und Kopf nach Vorlage aus. Das Gesicht aufmalen und auf den Hals kleben. Dann alle Teile auf der Becherinnenseite festkleben.

4 Die Augen ausschneiden und Pupillen malen. Die Augen auf das Gesicht kleben und die Füße mit einem Stift leicht biegen.

Hexe

Die kleinen Fledermäuse sind mit einem Fingerabdruck aus Bastelfarbe in Violett gemacht.

1 Zuerst zeichnest du den Kopf, das Kleid und das Gesicht mit einem dünnen Filzstift in Schwarz und einem Buntstift in Blau auf. Dann malst du die Haare mit einem Filzstift in Gelb.

2 Wenn du ein gestricktes Stück aus gelber Wolle hast, kannst du es aufziehen. Wenn du die Wolle dann in Stücke schneidest, hast du schöne Locken für deine Hexe, die du ihr als Haare auf den Kopf kleben kannst. Klebe der Hexe anschließend einen schwarzen Papierhut auf den Kopf.

3 Einige bunte Blätter mit einem dünnen Draht zusammenbinden. Binde dann ein buntes Band über den Draht, damit man diesen nicht mehr sieht. Bemale einen Schaschlikstab mit einem braunen Filzstift und binde ein paar Zweige am Ende des Stabs mit etwas Draht fest. So entsteht der Besen.

4 Zeichne der Hexe jetzt ihre Hände, klebe den Besen auf das Bild und den Blätter-Rock darüber. Male jetzt die Beine und die Schuhe auf. Zum Schluss klebst du noch eine Blume auf die Hutspitze. Hui, da fliegt die Hexe auch schon los!

Das brauchst du:

* Zeichenblatt
* Buntstifte
* Filzstifte
* Tonkarton in Schwarz
* Schaschlikstab
* Zweige
* Blumendraht in Braun
* Stoffband
* Blätter
* Hagebutten
* Wolle in Gelb

Hängefisch

Hänge deinen Fisch an einen regengeschützten Ort. Sobald es etwas windet, dreht er sich um seine eigene Achse.

1 Schneide den Kopf zweimal aus und verziere ihn. Ein ca. 50 cm langes Gummiband doppelt legen und mit dem gebogenen Mund zwischen die Kopfhälften kleben.

2 Das Auge ausschneiden und die Pupille aufmalen. Danach klebst du es, wie auf dem Bild zu sehen, auf den Fischkopf.

3 Die Strohhalme mit der Prickelnadel lochen. Nun mithilfe der Sticknadel abwechselnd Holzperlen und Halme auf das Band fädeln.

4 Die Schwanzflosse ebenfalls zweimal ausschneiden, verzieren und mit dem Gummiband dazwischen zusammenkleben.

Das brauchst du:

* Tonkarton in Hellblau und Weiß
* Buntstift in Grün
* Gummiband
* Chenilledraht in Pink
* dünner Filzstift in Schwarz
* Papierstrohhalme
* Prickelnadel
* Sticknadel
* Holzperlen, ø 8 mm
Vorlage Seite 125

BLUBB
BLUBB

1 Male eine Klorolle in der gewünschten Farbe an. Die zweite Rolle vorsichtig platt drücken, die Flügel übertragen und ausschneiden.

2 Die Rolle oben von beiden Seiten mittig eindrücken und je zwei kurze Schnüre in die Ohrspitzen kleben. Die Flügel und das Federkleid aus Tonpapier verzieren.

3 Klebe das Federkleid um den Körper und die Flügel seitlich fest. Dann die Augen und den Schnabel ausschneiden und befestigen.

4 Die Pupillen aufmalen. Als Letztes zwei kurze Bastfäden um den Ast knoten und die Enden in der Eule festkleben.

Das brauchst du:

* je 2 Klorollen
* Bastelfarbe in Weiß und Blau
* Paketschnur
* Tonpapier in Weiß und Gelb und Grau, Blau und Braun
* Buntstift in Weiß, Blau und Schwarz
* Filzstift in Schwarz
* Bast in Naturfarben
* kleiner Ast
  Vorlage Seite 116

Für die Ohrspitzen kannst du auch Wolle nehmen.

HUHUUU

Ein Federkleid mit Wachsmalstiften verziert sieht auch sehr schön aus.

Brüderchen und Schwesterchen

Male für deine Collage immer zuerst das Bild, bevor du mit dem Aufkleben der Papiere beginnst.

1 Schneide Hemd, Hose und Schal des Jungen frei Hand aus und verziere sie mit Mustern (siehe Seite 14).

2 Für die Haare eine ca. 15 cm lange Papierdraht-kordel um einen Stift wickeln und herunter-schieben. Alle Teile auf das Bild kleben.

3 Das Kleid des Mädchens ausschneiden und mit dem Lackmalstift und dem Knopf verzieren. Dann klebst du es auf deine Collage.

4 Schneide kleine, ca. 3 mm breite Papierstreifen zu und wickle sie um den Holzstab. Die Locken vorsichtig auf den Kopf kleben.

Diese Tiere kannst du mit jedem beliebigen Finger stempeln.
Für den Körper des Eichhörnchens benutzt du die Fingerseite.

Eichhörnchen

Eule

Fuchs

Waschbär

Schleife die Holzscheiben mit dem Schleifpapier etwas glatt. Danach lässt du dir von einem Erwachsenen die Löcher bohren.

Die Tiere mit Acrylfarbe aufstempeln. Beachte: Stempelfarben eignen sich hier nicht!

Ziehe ein Stück Kordel durch das Holz und den Ring und beide Fadenenden mithilfe der Häkelnadel durch die Perlen und Knöpfe. Mache einen Knoten und schneide die Enden ab.

Kastanienfiguren

Du kannst einen weißen Schuhschachteldeckel verwenden, lasse die beiden Löcher für die Aufhängung aber von einem Erwachsenen bohren.

1 Male zwei Kreise mit einem Pinsel in die Eichelhütchen. Klebe diese an den oberen Teil der Kastanie.

2 Als Flügel klebst du zwei halbe Pistazienschalen an die Seite der Kastanie. Hinter den Augen befestigst du zwei kleine Federn mit Klebstoff.

3 Mit einem Schaschlikstab und schwarzer Farbe tupfst du die Pupillen in die Augen. Als Schnabel kannst du einen kleinen Erlenzapfen aufkleben, den du zuvor mit etwas Farbe in Rosa bemalst.

4 Fixiere einen Kleinen Ast im Deckel des Schuhkartons und klebe ein paar Blätter daran. Klebe dann die Kastanieneule auf dem Ast fest.

Das brauchst du:

- Karton oder Schuhschachtel
- Kastanien und Kastanienschalen
- Eichel und Eichelhütchen
- Nuss
- Hagenbutten
- Zündhölzer
- Federn
- Erlenzapfen
- Pistazienschalen
- Stoffreste
- Moos
- Drahtkordel
- Bohrer
- Acrylfarben in Weiß, Rosa, Gelb, Rot, Schwarz
- Schaschlikstab

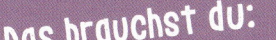

Tupfe das Gras im Schuhkarton mit einem Borstenpinsel auf. Die Löcher bohrst du mit einem Kastanienbohrer und klebst die Zündhölzer ein. Die Köpfe, das Kind und die Pilze sind aus bemalten Eicheln. Als Schuhe kannst du Hagebutten verwenden. Eine Nussschalenhälfte, ein kleines Stück Stoff und ein Stück Drahtkordel werden zur Wiege. Klebe zum Schluss Eichelhütchen als Räder an die Wiege.

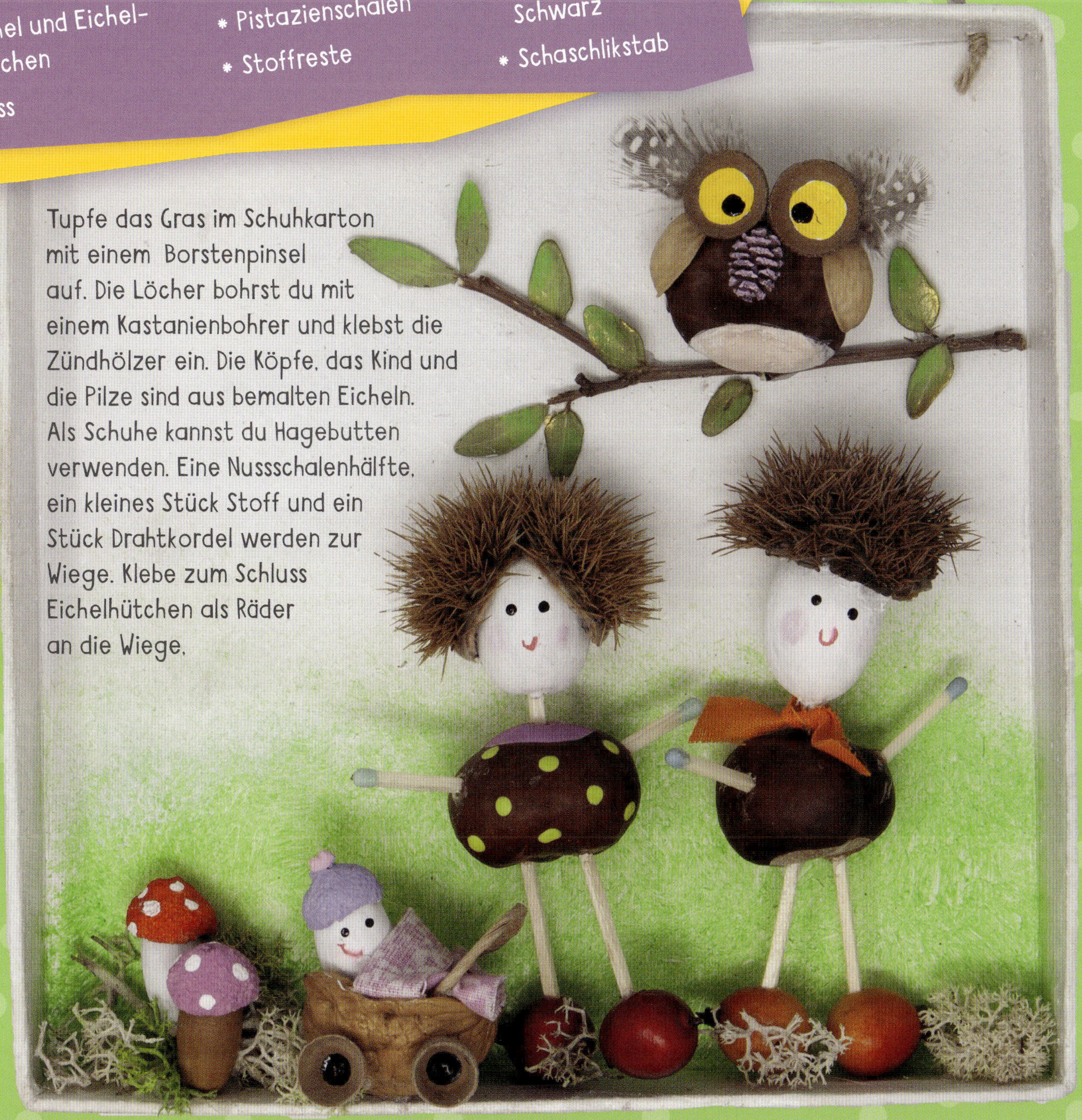

Auf dieser Seite siehst du, welche Figuren du noch aus Blättern und Beeren bauen kannst.

Die Sonne ist aus Nudeln und
etwas gelber Farbe gebastelt.

83

Gruselkabinett

1 Male den Stein für deinen Kürbis orange an und lass die Farbe gut trocknen. Dann fährst du die Kürbiseinkerbungen mit dem Buntstift leicht nach.

2 Das Gesicht zeichnest du mit einem schwarzen Filzstift auf. Kleine Details wie Zähne und Pupillen malst du mit dem Lackmalstift.

3 Für das Gespenst den Stein weiß anmalen, trocknen lassen und das Gesicht mit einem schwarzen Filzstift aufmalen. Die Pupillen malst du mit dem Lackmalstift.

4 Male für die Spinne einen Stein lila an und klebe ihn auf den Bauch des Gespenstes. Die Wackelaugen aufkleben und acht Beinchen dazu malen.

BUHHH!

Zum Gruseln

Die Augen der Spinne malst du mit einem Lackmalstift auf.

Spinne

Fledermaus

Kürbis

Hexe

BUUUH!

Die Ränder der Käseschachtelteile mit Wellpappestreifen und der Zackenlitze umkleben.

Bestemple das Papier und klebe es zwischen Deckel und Boden.

Mit der Prickelnadel oben seitlich zwei Löcher einstechen, die Perlen auffädeln und den Bügel in die Löcher kleben.

Freche Monster

Für deine Monster kannst du wirklich jede Steinform benutzen. Ob groß oder klein - je unregelmäßiger, desto besser!

1 Als Erstes grundierst du deinen Stein mit weißer Farbe. Nach dem Trocknen malst du das Monster in deiner Lieblingsfarbe an.

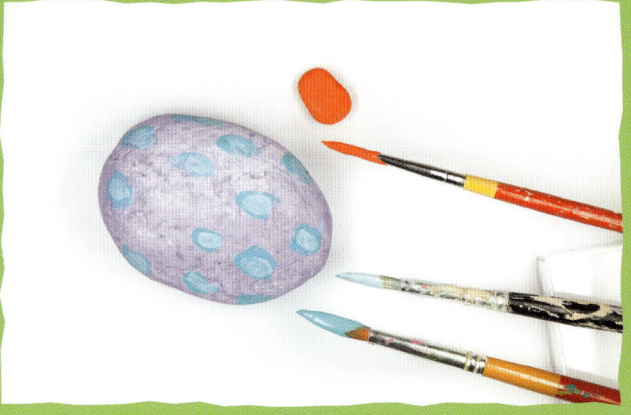

2 Wenn dein Monster Flecken bekommen soll, tupfst du diese nun vorsichtig mit der Pinselspitze auf. Dann die Nase anmalen.

3 Die Augen und den Mund mit einem kleinen Pinsel aufmalen. Sobald die Farbe getrocknet ist, die Nase aufkleben.

4 Jetzt fehlen nur noch die Pupillen und die Zähne. Verwende dafür den Filzstift und den Lackmalstift.

Elegante Schneekristalle

Bastle ganz viele Kristalle auf einmal und klebe sie in ein Fenster. So stimmst du dich perfekt auf den Winter ein.

1 Schneide ein 10 cm x 10 cm großes Quadrat aus Seidenpapier aus. Falte es mittig zu einem Rechteck und dann erneut zusammen.

2 Das entstandene Quadrat diagonal falten und von der mittleren Spitze aus bogenförmig nach oben schneiden.

3 Schneide in den gebogenen Rand ein beliebiges Muster.

4 Nun kleine Muster in die verbliebenen Seiten einschneiden. Öffnen und von einem Erwachsenen glattbügeln lassen.

Lege ganz viele Schneeflocken zu deinem gewünschten Motiv zusammen und bestreiche einzelne Stellen vorsichtig und sparsam mit dem Klebestift. Hut, Krempe, Schal und Nase des Schneemanns schneidest du einfach frei Hand aus. Für die Augen und den Mund kleine Pompons, Knöpfe oder Klebepunkte verwenden.

Christbaum

Rentiere

HO HO HO!

Kugeln

Engel

Weihnachtsmann

Glücksschweinchen

Schornsteinfeger

Das brauchst du:

* Geschenkpapier in Weiß
* Acryl- oder Stempelfarben
* Bunt- und Filzstifte
* Kordel in Weiß-Rot

Packe zuerst alle deine Päckchen ein, bevor du mit dem Verzieren beginnst. Stemple deine Lieblingsmotive auf die Geschenke und lass die Farbe gut trocknen, bevor du mit dem Aufmalen der Details beginnst.

Weihnachtsengel

1 Male zunächst einen 3 cm breiten Streifen der Klorolle weiß an. Nach dem Trocknen malst du das Kleid auf.

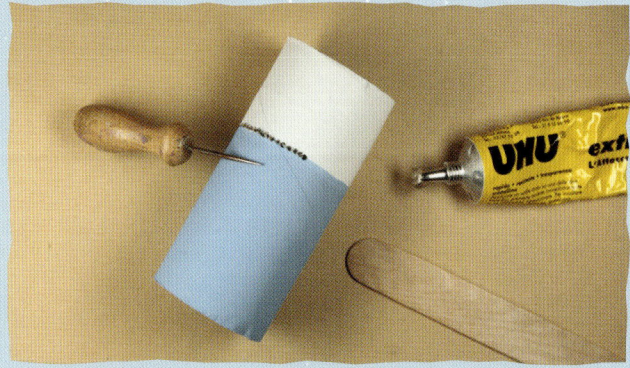

2 Prickle zwischen dem Farbübergang eine Hälfte der Klorolle durch und klebe den Holzspatel ein.

3 Nun das Engelskleid mit den Bändern, dem Chenilledraht und dem Stern nach Belieben verzieren.

4 Das Gesicht aufmalen. Dann den Bürstenkopf bzw. die Stahlwolle als Haare einkleben. Mit dem Draht einen Heiligenschein formen und in die Haare stecken.

ADVENT, ADVENT ...

Das brauchst du:

* Klorolle
* Bastelfarbe in Weiß und Hellblau
* Prickelnadel
* Holzspatel, 2 cm x 15 cm
* verschiedene Bänder
* Chenilledraht in Gold
* Tonkarton in Gold oder Rot
* dünner Filzstift in Schwarz
* Buntstift in Rot
* Spülbürstenkopf, ø 4,5 cm oder Stahlwolle in Gold
* Blumendraht in Gold

Vorlage Seite 118

Anstelle von Bändern kannst du das Kleid auch mit Tortenspitze verzieren.

Eine Vorlage für Flügelchen findest du auf Seite 116.

95

Hurra, bald ist Weihnachten! Ob Rentier, Lebkuchenhaus oder Weihnachtsmann – diese bunte Weihnachtsschar eignet sich perfekt dazu, 24 kleine Geschenke für die Adventszeit zu verstecken. Suche dir deine Lieblingsfiguren aus und los geht's! Die Vorlagen dazu findest du auf Seite 118/119.

Klebe die Ohren beim Eisbär zuerst in die Rolle, bevor du die Öffnung schließt (siehe Seite 20).

Für den Fuchskopf die Klorolle an einem Endè von beiden Seiten mittig eindrücken.

Den Körper leicht zusammendrücken und nach Vorlage zuschneiden. Kopf und Körper verbindest du mit einem Stück Chenilledraht.

Das Gesicht des Weihnachts-
manns bastelst du aus
Tonpapier. Die Mütze wie
beim Lebkuchenhausdach
trichterförmig
zusammenkleben.

Die Rolle für das Leb-
kuchenhaus umklebst
du mit einem Streifen
Tonpapier.

HO HO HO

Krippe

Lasse die Löcher für die Lärchenzweige von einem Erwachsenen in das Holzstück bohren. Klebt die Zweige anschließend mit Holzleim in die Bohrlöcher.

1 Bohre mit einer spitzigen Schere oder einer Prickelnadel oben ein Loch in den Korken. Breche ein Stück des Zahnstochers ab und klebe es in das Loch des Korkens. Klebe dann die Wattekugel auf den Zahnstocher.

2 Ein Stück der Wolle mit Uhu Alleskleber einstreichen und die Wolle, Runde für Runde, um den Korken wickeln. Das Ende des Wollfadens wieder mit etwas Uhu Alleskleber einstreichen und mithilfe eines Zahnstochers unter die aufgewickelte Wolle schieben. So wird das Wollkleid fixiert.

3 Male die Gesichter mit Acrylfarbe auf. Die Augen kannst du einfach auftupfen, indem du einen Schaschlikstab oder einen Pinselstiel vorsichtig in die Farbe tunkst. Die Wangen rötest du mit einem Buntstift.

4 Klebe die Wolle als Haare auf den Kopf der Figuren und darüber das Filztuch. Binde ein Band um Marias Hals und ein Band um Josef, welches den Stock fixiert.

Die restlichen Figuren der Grippe sind auf die gleiche Weise gebastelt. Der kleine Jesus liegt in einer Nussschale, die mit Stroh und etwas Stoff beklebt ist.

Das brauchst du:

* Wattekugeln, ø 2.5 cm und ø 1.5 cm
* Korken
* Zahnstocher
* Drahtkordel
* Stern aus Karton in Gold
* Wollfaden
* Filzreste
* Stoffrest
* Stoffbänder
* Stroh
* Nuss
* Holzstück
* 2 Lärchenzweige

Damit die Krippe stabiler wird, könnt ihr die Zweige etwas ineinander verdrehen.

Die Schafe erhalten ein rosarotes Maul
aus einer Holzhalbkugel. Die Ohren und
der Schwanz formst du aus einem
Wattestäbchen und die Beine aus
Zahnstochern. Das Fell gestaltest du
mit einer dicken Wolle.

Die Haare des Hirten bastelst
du aus Naturwolle und die
Kleider aus Stoffresten.

Die Engelskleider bastelst du aus Spitzenresten und Schokoladenpapier und dekorierst sie mit einem goldenen Faden. Die Haare sind aus Goldfaden gebastelt. Mit einem Organzaband um den Hals und kleinen weißen Federn als Flügel sind die Engel perfekt.

Du kannst auch witzige Palmen und Pflanzen aus Korken basteln.

Die Kleider der drei Könige sind aus glitzernden Bändern, die mit Strasssteinen verziert sind. Um den Hals kontest du ihnen Schals aus Satinband. Für die Haare schneidest du Wollstücke zurecht und für die Kronen eine Borte in Gold.

Santa Claus' Gefährte

1 Male den Becher an und lass ihn trocknen. Die Zweige für das Geweih mit der Hilfe eines Erwachsenen mit Heißkleber festkleben.

2 Seitlich Löcher in den Becher stechen, die Ohren nach Vorlage formen und in die Löcher kleben. Den Pompon als Nase ergänzen.

3 Male das Gesicht mit dem Filz- und Buntstift auf. Vergiss nicht, die Wangen zu röten (siehe Seite 9).

4 Wickle dein Geschenk nun in eine Serviette oder ein Säckchen und lege es in das Rentier.

Das brauchst du:

* Pappbecher
* Bastelfarbe in Hellbraun
* 2 Zweige
* Prickelnadel
* Chenilledraht in Hellbraun
* Pompon in Rot. ø 1.5 cm
* dünner Filzstift in Schwarz
* Buntstift in Rot
* Serviette oder Geschenktüte
Vorlage Seite 122

1 Den Stein weiß anmalen und trocken lassen. Dann malst du das Auto in deiner Lieblingsfarbe an.

2 Für die Räder den Korken in Scheiben schneiden und schwarz anmalen. Lass dir dabei von einem Erwachsenen helfen.

HUUP HUUUUP...

Das brauchst du:

* Steine in Form von Autos
* Bastelfarben
* Korken
* Heißklebepistole
* dünner Filzstift in Schwarz

Vorlage Seite 117

3 Male die Fenster und die Lichter und mit einem Wattestäbchen die Mitte der Räder auf. Lass sie von einem Erwachsenen ankleben und male mit Filzstift noch Insassen dazu.

QUIETSCH!   RRRUMMMS!

1 Prüfe, ob sich deine Steine gut stapeln lassen. Erst dann malst du die Steine weiß an. Die Farbe trocknen lassen und die Steine zusammenkleben.

2 Schneide den Stoffrest zu einem Schal zurecht und binde ihn dem Schneemann um den Hals.

3 Jetzt den Holzknopf auf den Kopf und den Korken auf den Knopf kleben, sodass ein Zylinder entsteht.

4 Male einen kleinen Kieselstein für die Nase orange an und klebe sie dem Schneemann ins Gesicht. Zum Schluss die Augen, den Mund und die Wangen (siehe Seite 9) aufmalen.

Das brauchst du:

* Steine in verschiedenen Größen
* Bastelfarbe in Weiß und Orange
* Holzleim
* Stoffreste
* Holzknopf
* Korken
* dünner Filzstift in Schwarz
* Buntstift in Rot

Pinguin

Kleiner Schneemann

Schneeflocke

Großer Schneemann

Das brauchst du:

* Weihnachtskugeln aus Plastik in Hellblau
* Acrylfarben
* Filzstifte, wasserfest
* Lackmalstift in Weiß
* Band in Blau-Weiß kariert

Stemple deine Lieblingsmotive auf die Kugeln und lass die Farbe gut trocknen. Dann verzierst du die Figuren mit Acrylfarbe und Filzstift weiter. Für die Schneeflockenspitzen tauchst du das Ende eines Pinsels in Farbe und tupfst kleine Punkte auf.

Auch auf einem Geschenkanhänger sind diese süßen Kerlchen ein Hingucker! Einfach ein kleines Stück Tonkarton in Hellblau bestempeln, Kordel einfädeln – fertig.

Kleine Glücksbringer

1 Drücke die Klorolle vorsichtig zusammen, sodass ein Quadrat entsteht. Dann schneidest du ca. 3 cm ab.

2 Grundiere den Käfer mit der Hautfarbe und male ihm nach dem Trocknen sein Kleid auf. Die Punkte mit einem Schaschlikstäbchen auftupfen.

ICH BRING DIR GLÜCK!

GLÜCKSSCHWEIN Das Schweinchen wie den Käfer basteln. Klebe die Ohren jedoch schon vor dem Bemalen in die Klorolle.

3 Das Gesicht aufmalen und den Pompon als Nase ankleben. Für die Fühler einen Knoten in die Enden eines kurzen Fadens machen und diesen in den Kopf kleben. Danach die Flügel befestigen.

4 Falte ein 12 cm x 12 cm großes Tonpapierstück zweimal zusammen und übertrage die Vorlage für das Kleeblatt. Öffne es und klebe den Käfer mittig darauf.

Das brauchst du:

* 1 Klorolle
* Bastelfarbe in Hautfarbe, Rot oder Violett und Schwarz
* dünner Filzstift in Schwarz
* Buntstift in Rot
* Pompon in Rosa oder Rot, ø 8 mm
* Elastikfaden in Schwarz
* Tonpapier in Dunkelgrün und Schwarz

Vorlage Seite 117

Vorlagen

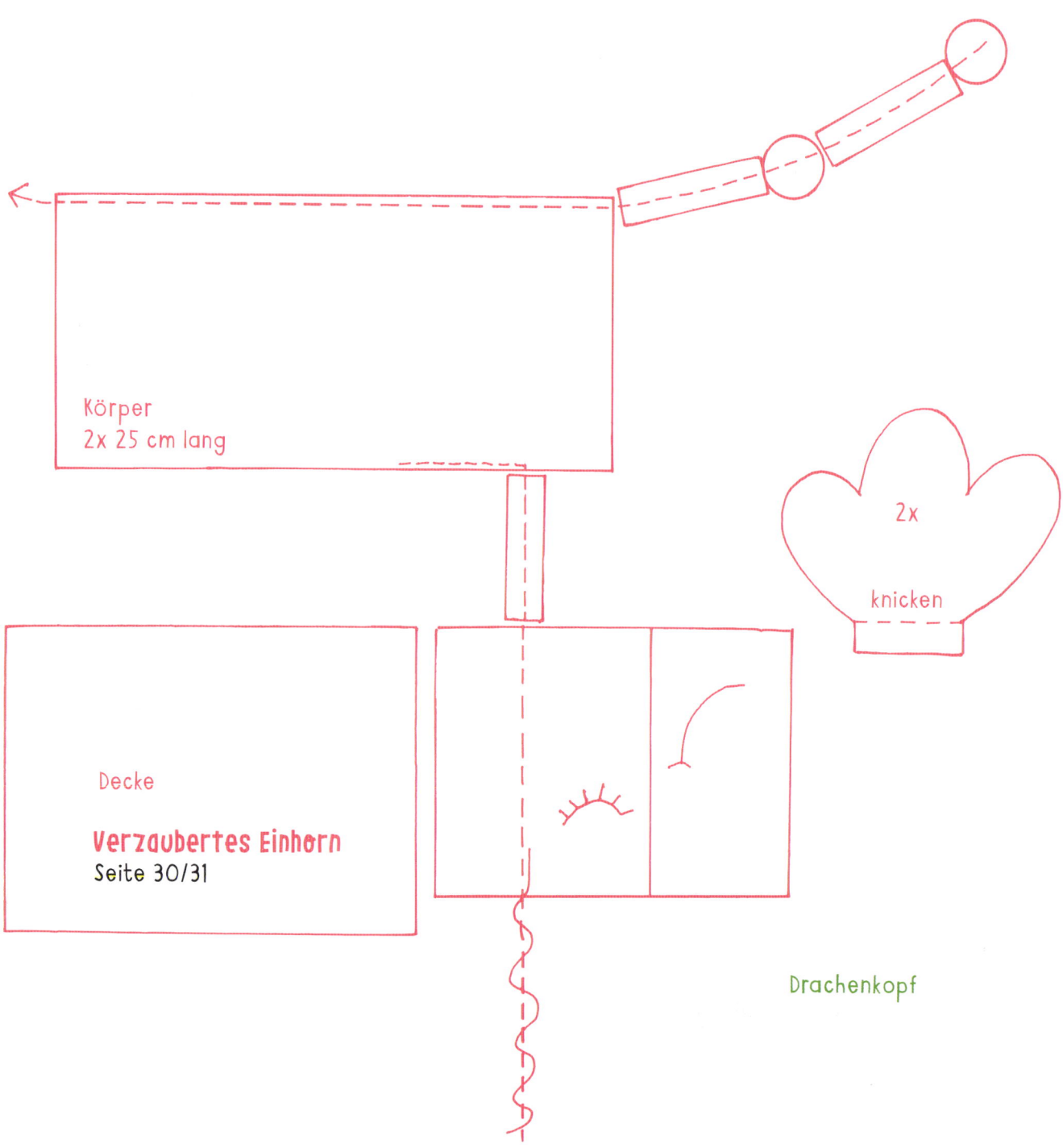

Körper
2x 25 cm lang

2x

knicken

Decke

Verzaubertes Einhorn
Seite 30/31

Drachenkopf

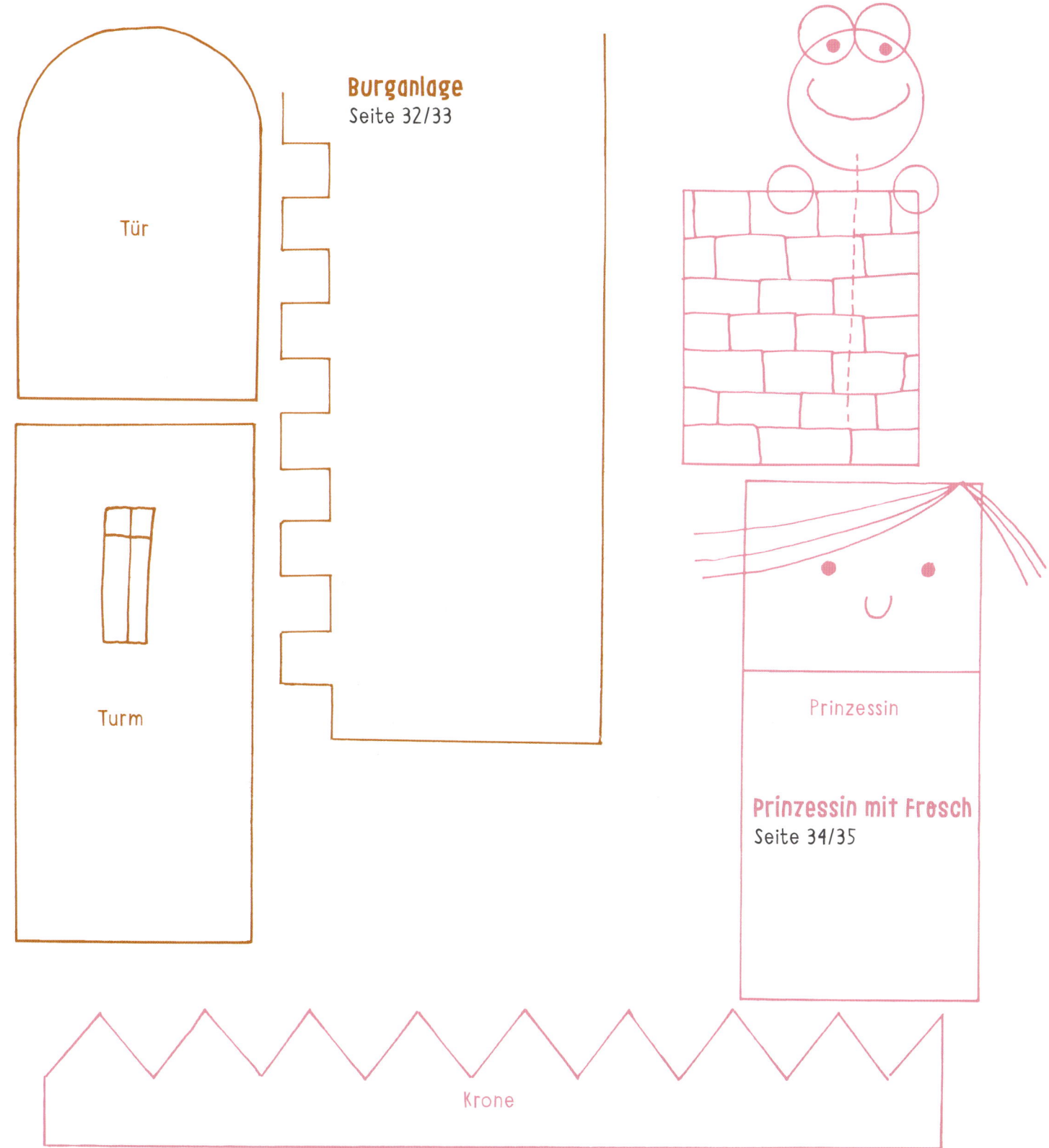

Tür

Burganlage
Seite 32/33

Turm

Prinzessin

Prinzessin mit Fresch
Seite 34/35

Krone

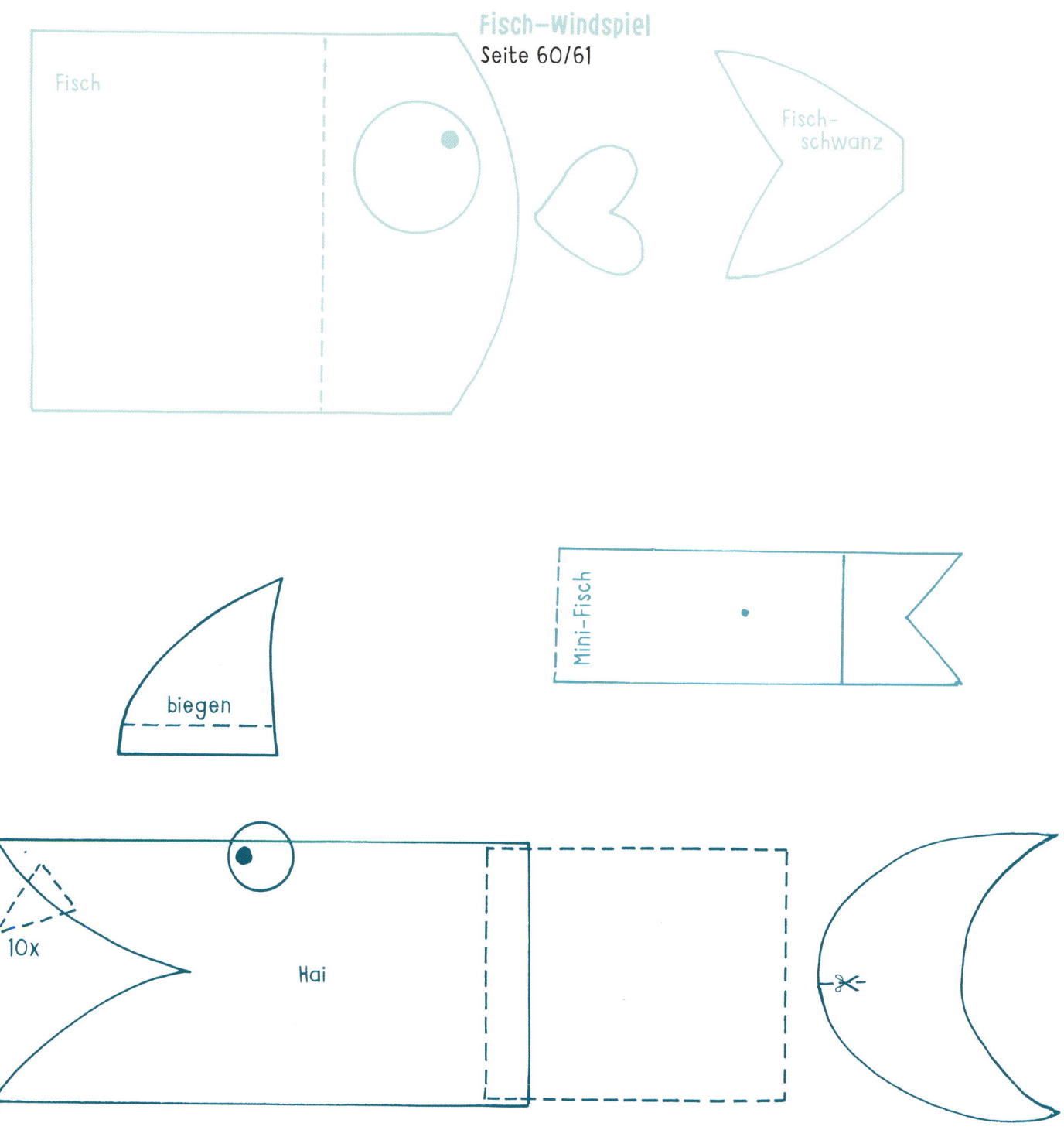

Fisch-Windspiel
Seite 60/61

Fisch

Fisch-schwanz

biegen

Mini-Fisch

10x

Hai

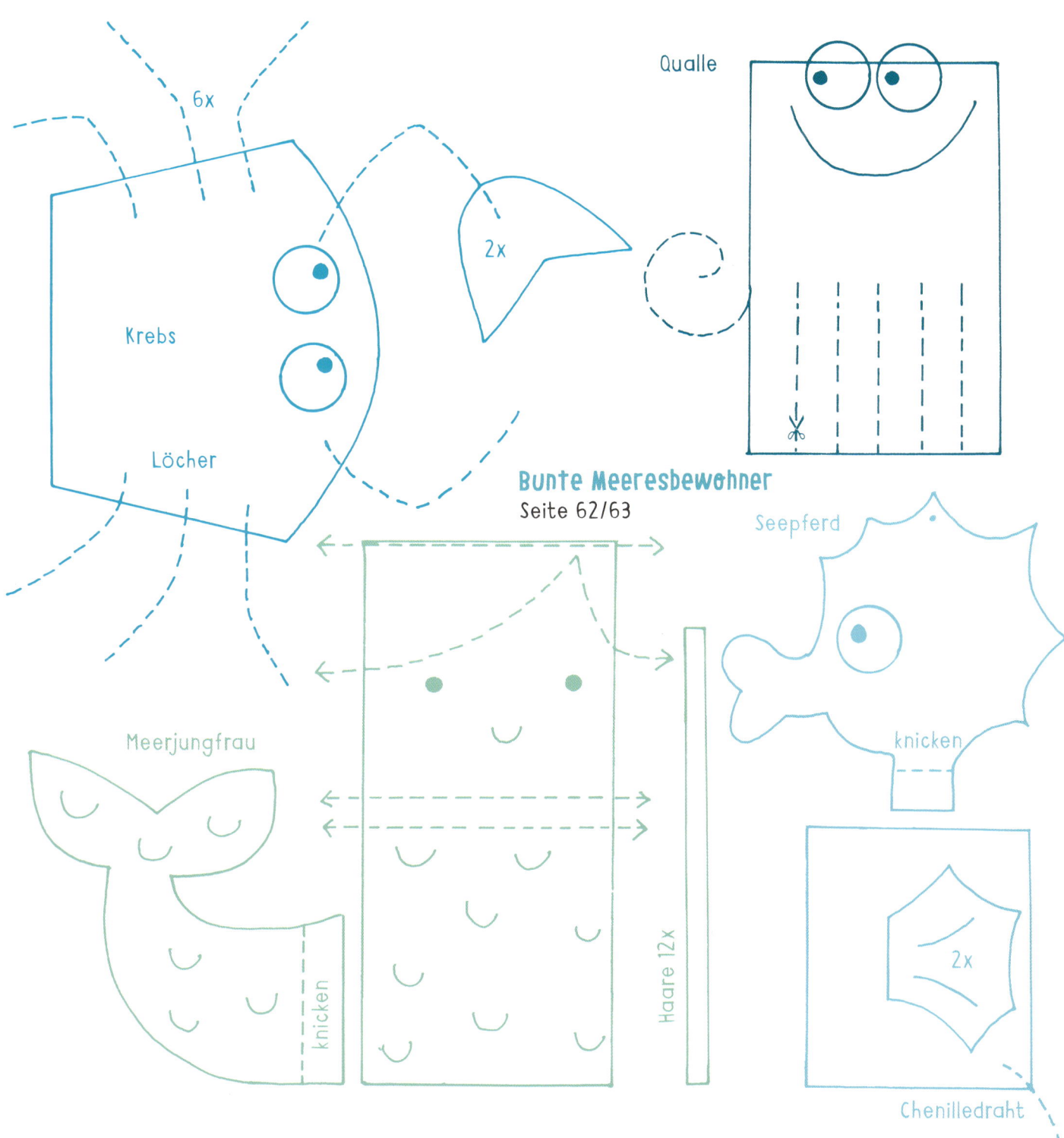

6x

Qualle

Krebs

2x

Löcher

Bunte Meeresbewohner
Seite 62/63

Seepferd

Meerjungfrau

knicken

knicken

Haare 12x

Chenilledraht

2x

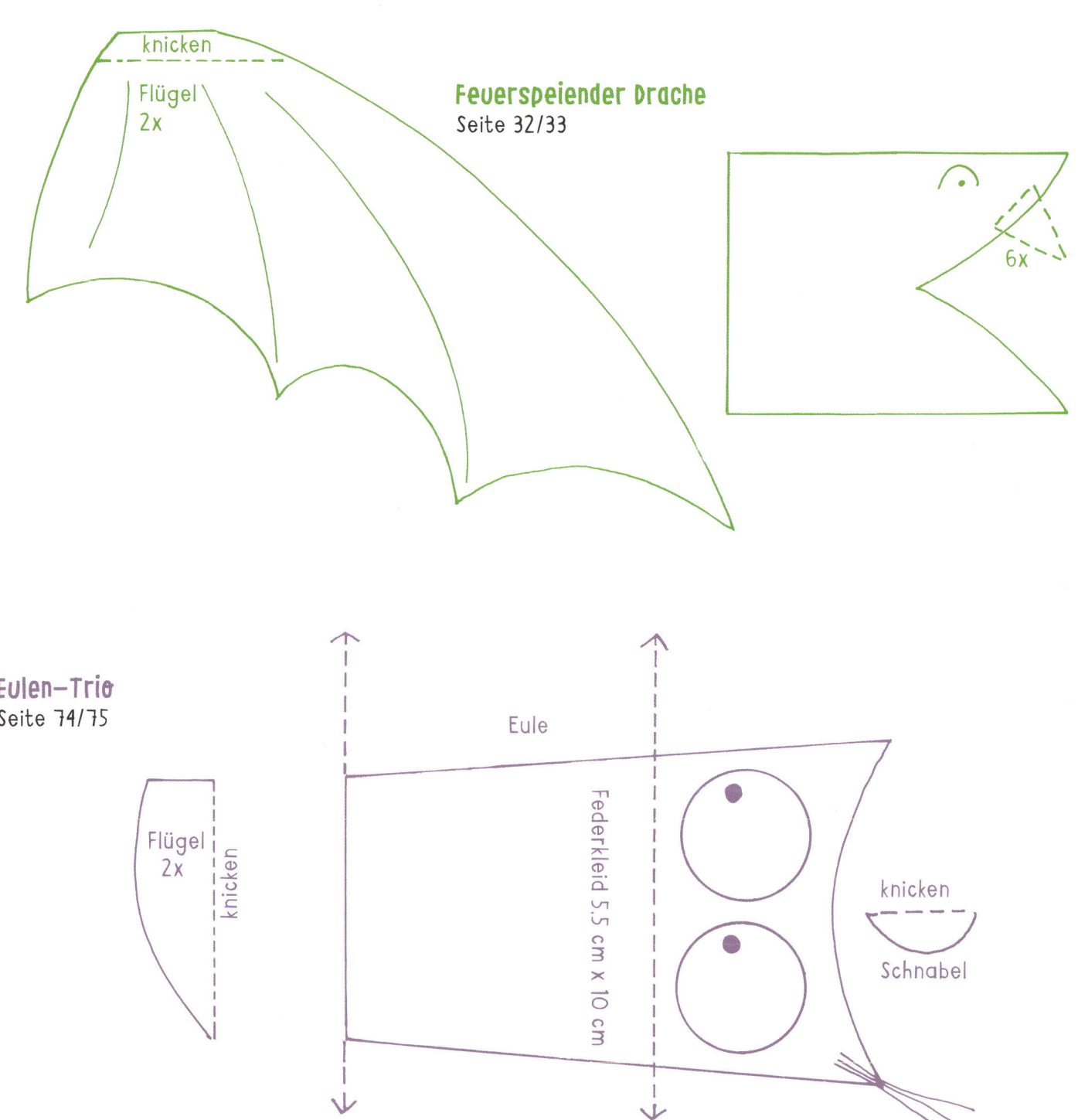

knicken

Flügel
2x

Feuerspeiender Drache
Seite 32/33

6x

Eulen-Trio
Seite 74/75

Flügel
2x

knicken

Eule

Federkleid 5.5 cm x 10 cm

knicken

Schnabel

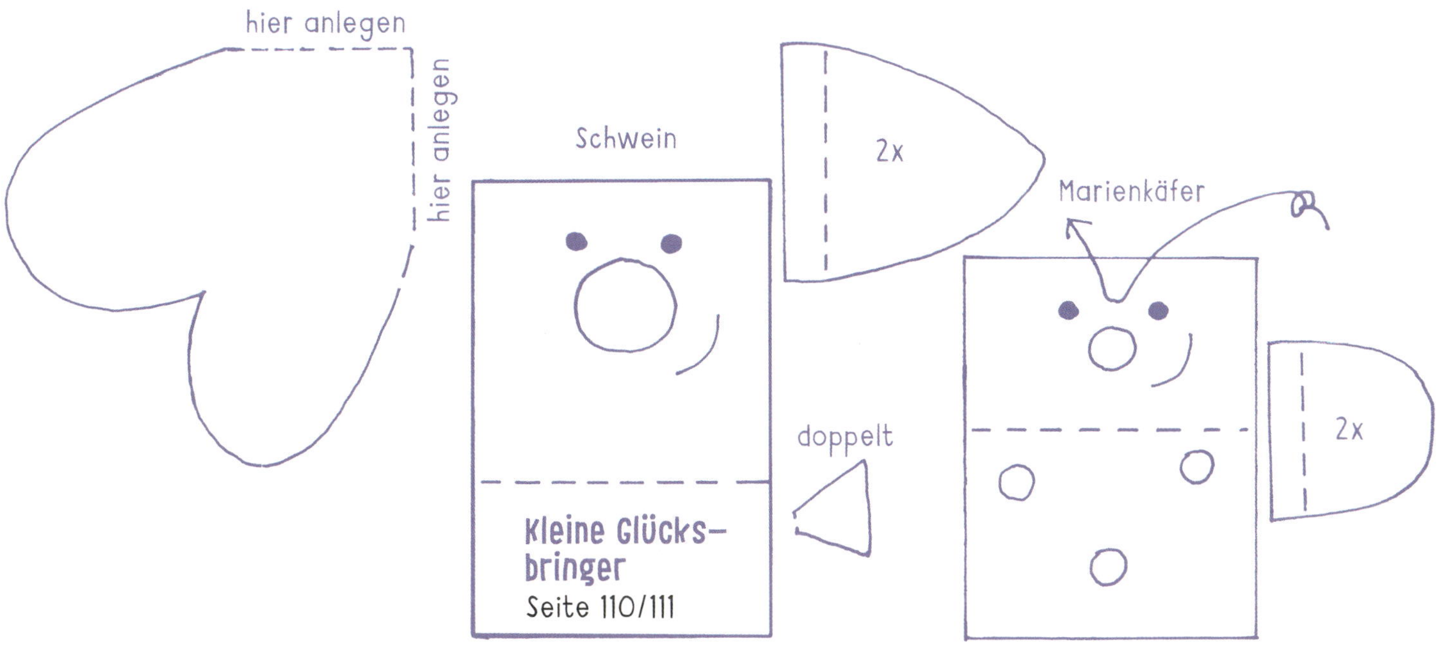

hier anlegen

hier anlegen

Schwein

2x

Marienkäfer

**Kleine Glücks-
bringer**
Seite 110/111

doppelt

2x

Schnelle Flitzer
Seite 104/105

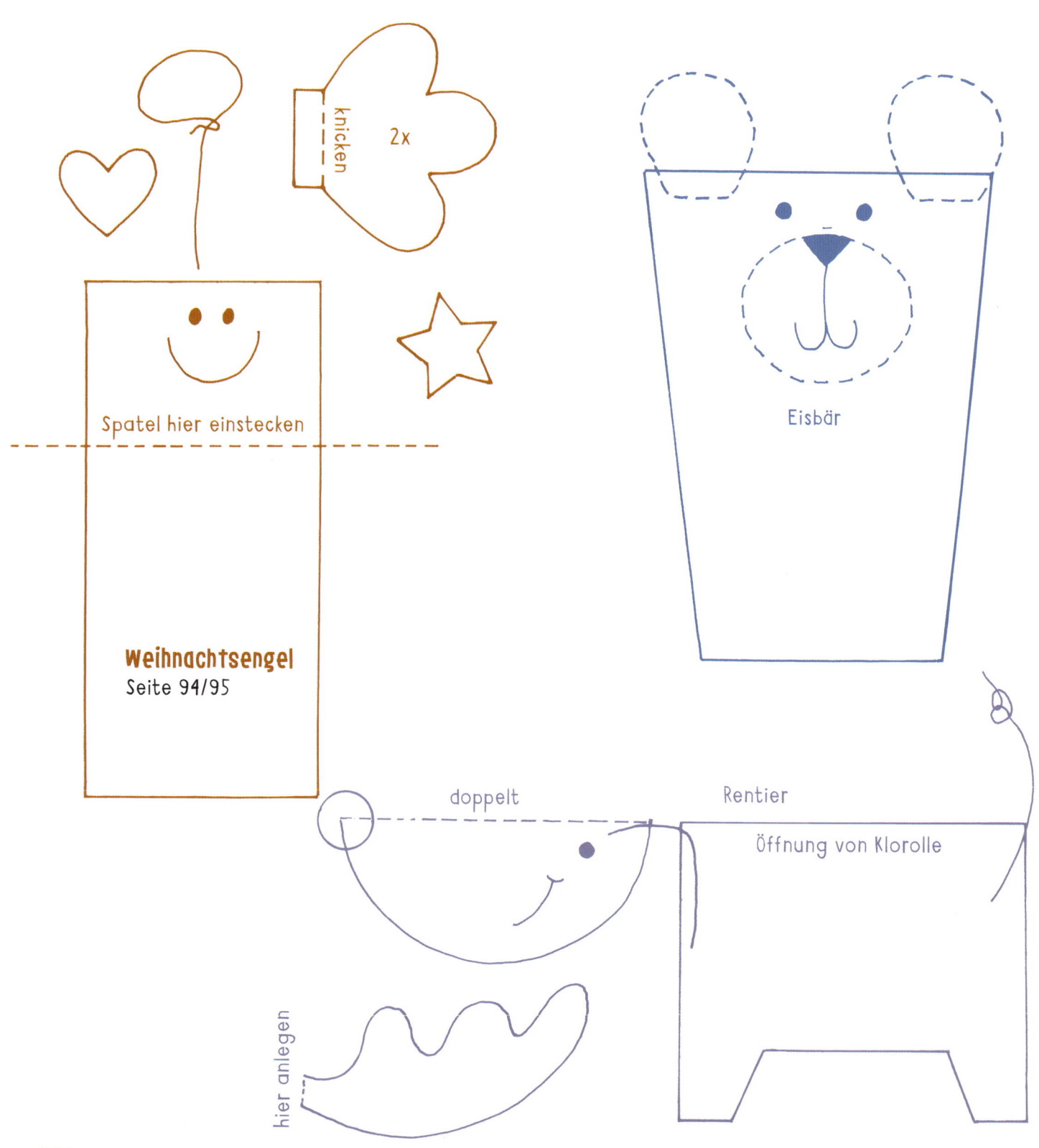

knicken

2x

Spatel hier einstecken

Weihnachtsengel
Seite 94/95

Eisbär

doppelt

Rentier

Öffnung von Klorolle

hier anlegen

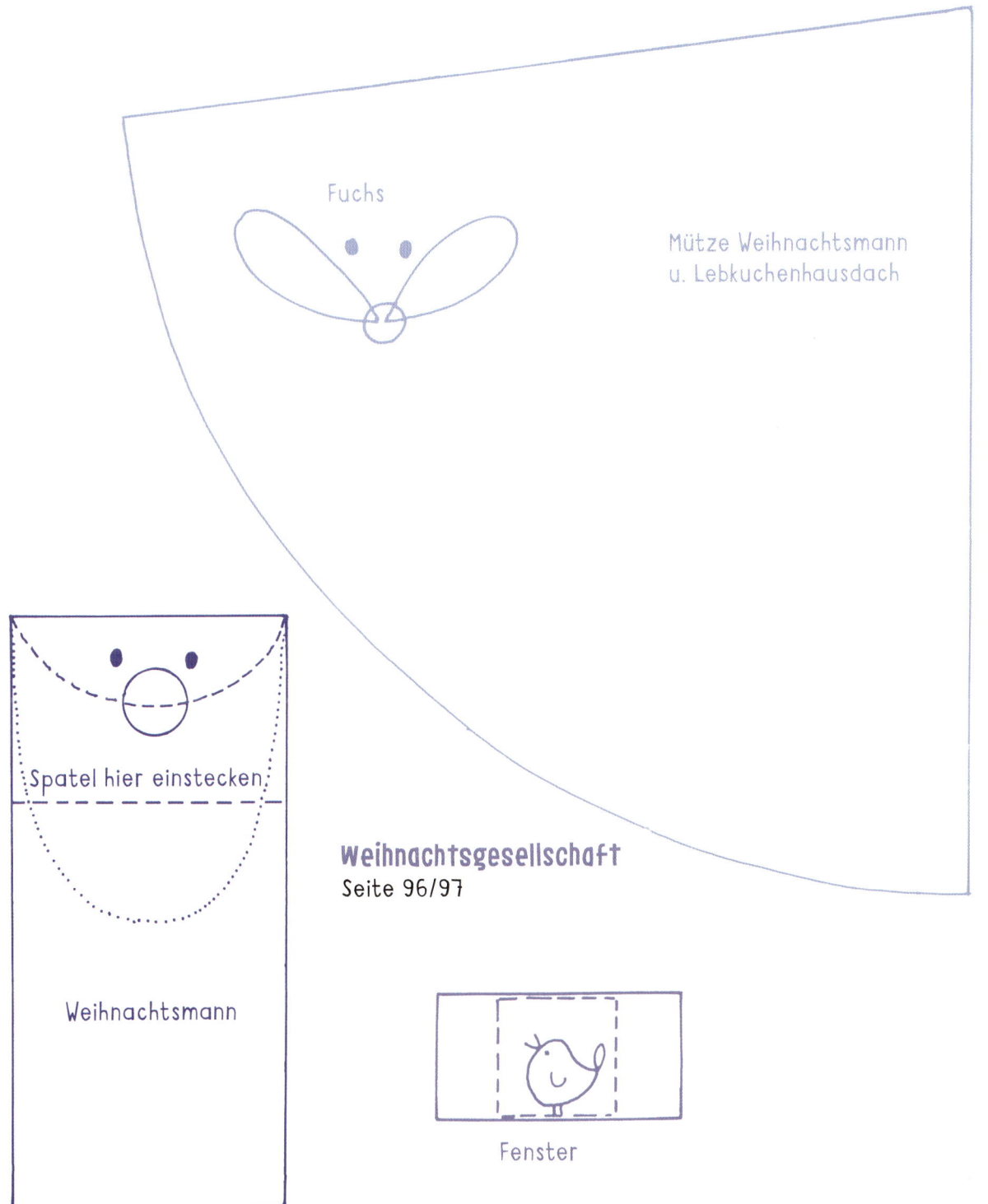

Fuchs

Mütze Weihnachtsmann
u. Lebkuchenhausdach

Spatel hier einstecken

Weihnachtsgesellschaft
Seite 96/97

Weihnachtsmann

Fenster

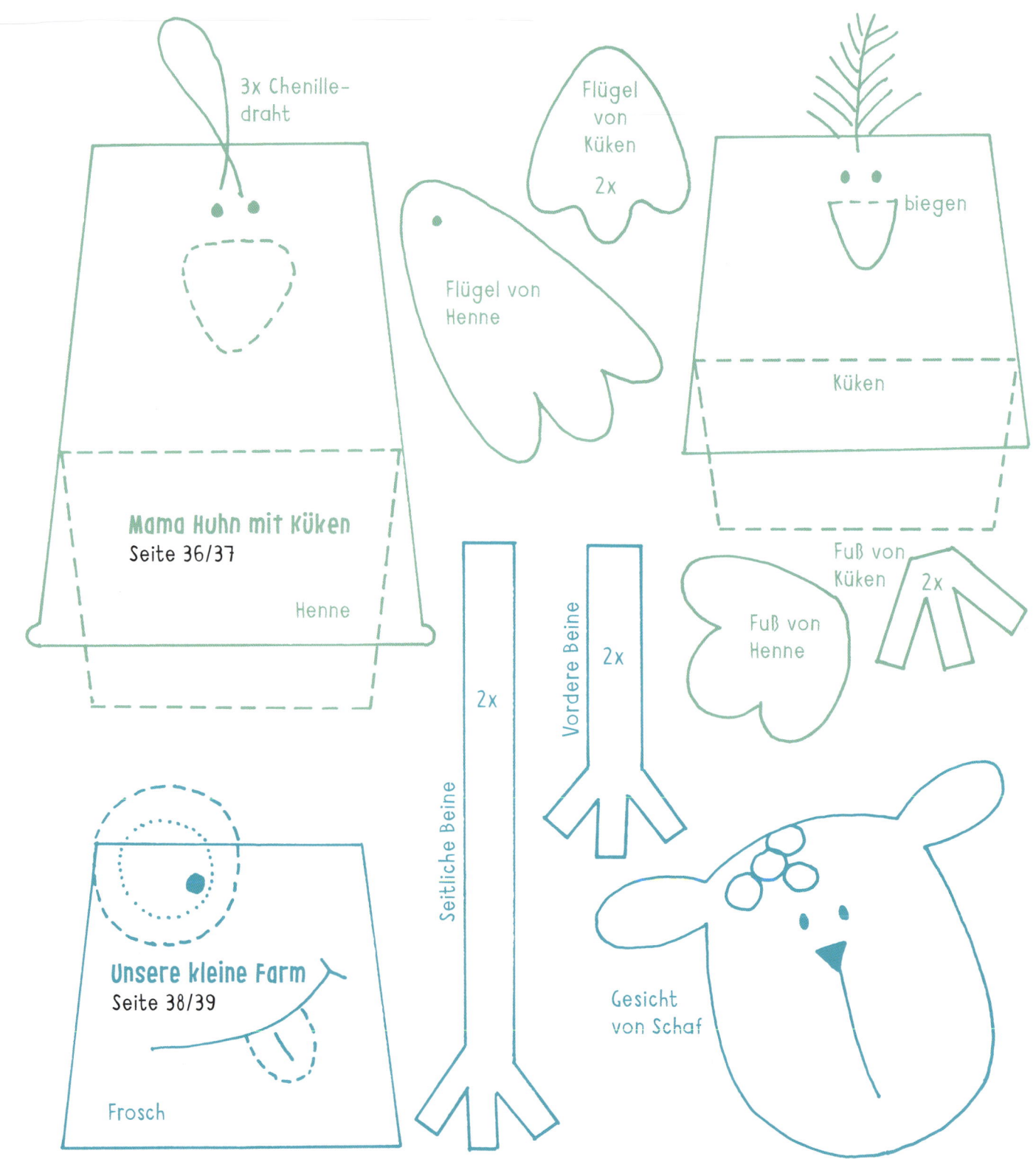

3x Chenille-
draht

Flügel
von
Küken

2x

Flügel von
Henne

biegen

Küken

Mama Huhn mit Küken
Seite 36/37

Henne

Fuß von
Küken

2x

Fuß von
Henne

Vordere Beine

2x

Seitliche Beine

2x

Unsere kleine Farm
Seite 38/39

Frosch

Gesicht
von Schaf

2x Chenilledraht

2x

Kuh

Unsere kleine Farm
Seite 38/39

Schwein

2x

2x

Ahoi, Piraten!
Seite 66/67

Schuhe von
Piraten

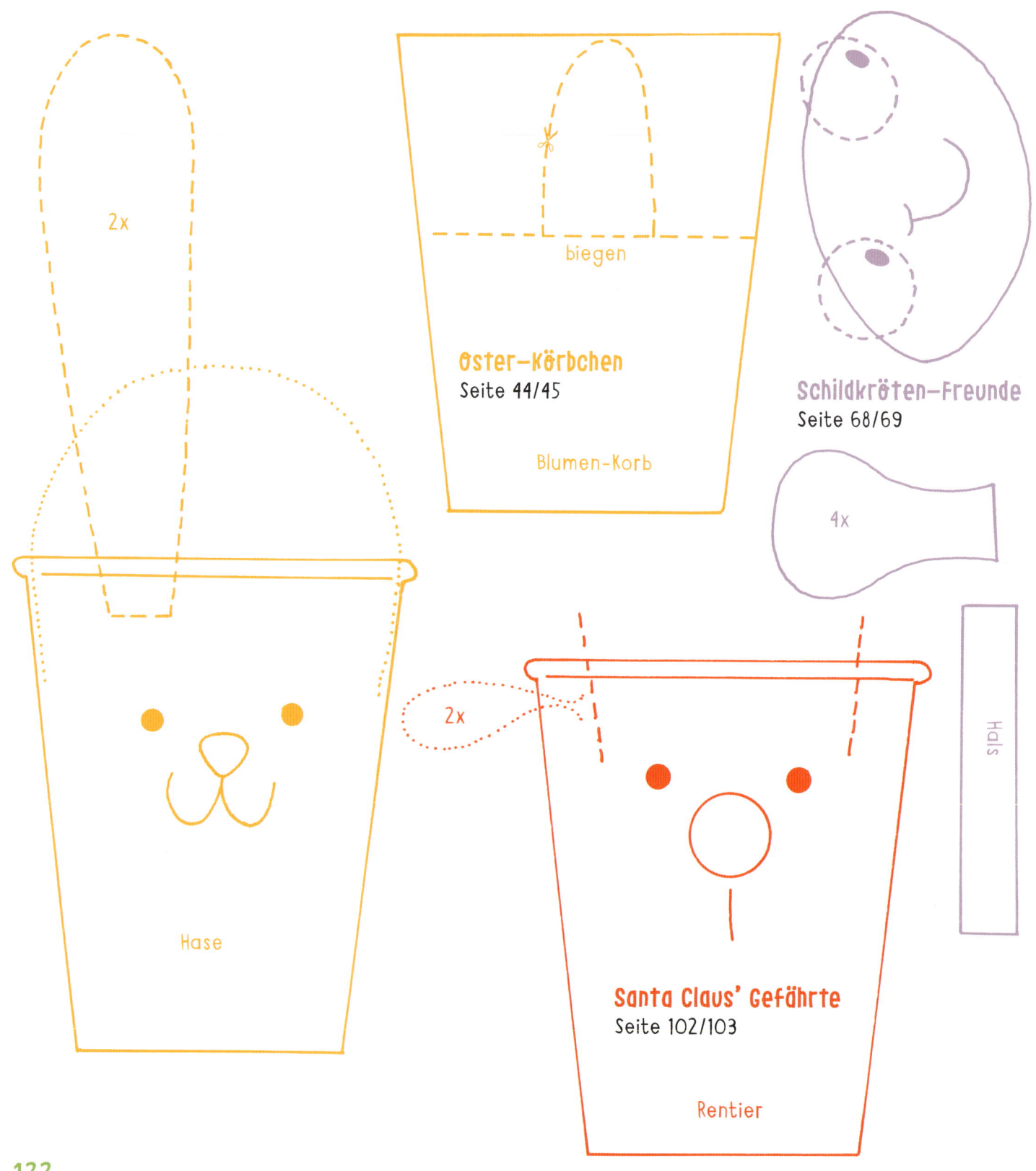

2x

Oster-Körbchen
Seite 44/45

Blumen-Korb

biegen

Schildkröten-Freunde
Seite 68/69

4x

Hals

2x

Hase

Santa Claus' Gefährte
Seite 102/103

Rentier

Königliche Krone
Seite 58/59

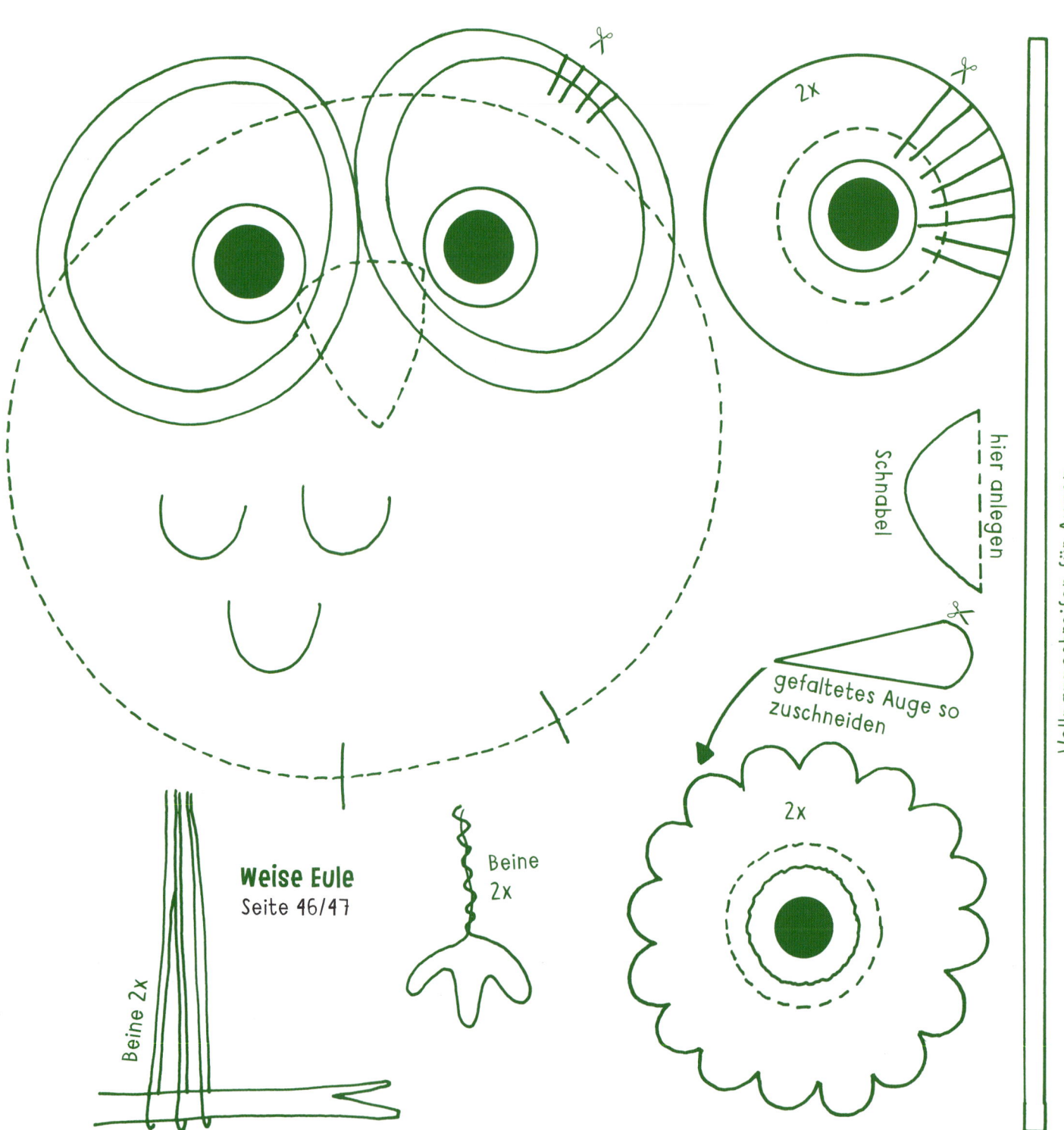

Schnabel

hier anlegen

Wellpappestreifen für Augen

2x

gefaltetes Auge so
zuschneiden

2x

Weise Eule
Seite 46/47

Beine 2x

Beine
2x

2x

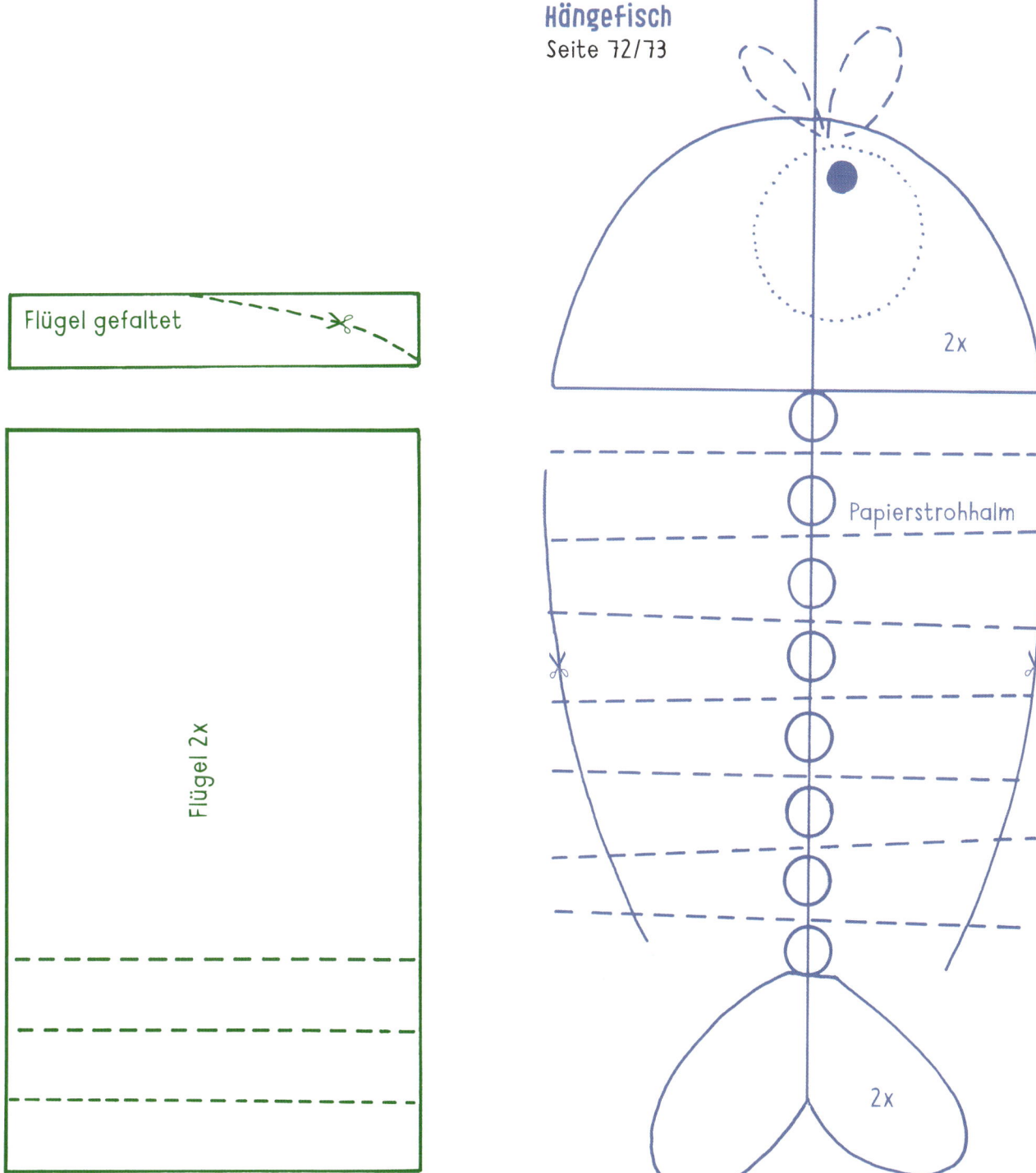

Flügel gefaltet

Flügel 2x

Hängefisch
Seite 72/73

2x

Papierstrohhalm

2x

Buchempfehlungen für Sie

ISBN 978-3-7724-7835-2

ISBN 978-3-7724-5752-4

ISBN 978-3-7724-7694-5

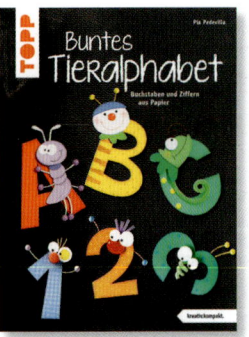

ISBN 978-3-7724-4341-1

ISBN 978-3-7724-7827-7

ISBN 978-3-7724-7888-8

Kreativ-Bücher finden Sie auf www.TOPP-kreativ.de

Weitere Ideen zum Selbermachen gesucht?

Lieblingsstücke von einfach bis einfach genial finden Sie bei TOPP! Lassen Sie sich auf unserer Verlagswebsite, per Newsletter oder in den sozialen Netzwerken von unserer Vielfalt inspirieren!

Website

Verlockend: Welcher Kreativratgeber soll es für Sie sein? Schauen Sie doch auf **www.TOPP-kreativ.de** vorbei & stöbern Sie durch die neusten Hits der Saison!

TOPP-Autoren

Sie wollen wissen, wer die „Macher" unserer Bücher sind? Wer Ihnen nützliche Tipps & Tricks gibt? Auf **www.TOPP-kreativ.de/Autor** warten jede Menge spannender Infos zum jeweiligen Autor auf Sie. Finden Sie heraus, welches Gesicht hinter Ihrem Lieblingsbuch steckt!

Facebook

Werden Sie Teil unserer Community & erhalten Sie brandaktuelle Informationen rund ums Handarbeiten auf **www.Facebook.com/Mitstrickzentrale** Wer sich für Basteln, Bauen, Verzieren & Dekorieren interessiert, ist auf **www.Facebook.com/Bastelzentrale** genau richtig!

Pinterest

Sie sind auf der Jagd nach den neusten Trends? Sie suchen die besten Kniffe? Die schönsten DIY-Ideen? All' das & noch vieles mehr gibt es von TOPP auf **www.Pinterest.com/Frechverlag**

Newsletter

Bunt, fröhlich & überraschend: Das ist der TOPP-Newsletter! Melden Sie sich unter: **www.TOPP-kreativ.de/Newsletter** an & wir halten Sie regelmäßig mit Tipps & Inspirationen über Ihr Lieblingshobby auf dem Laufenden!

Extras zum Download in der Digitalen Bibliothek

Viele unserer Bücher enthalten digitale Extras: Tutorial-Videos, Vorlagen zum Downloaden, Printables & vieles mehr. Dieses Buch auch? Dann schauen Sie im Impressum des Buches nach. Sofern ein Freischaltcode dort abgebildet ist, geben Sie diesen unter **www.TOPP-kreativ.de/DigiBib** ein. Nach erfolgreicher Registrierung erhalten Sie Zugang zur digitalen Bibliothek & können sofort loslegen.

YouTube

Sie wollen eine ganz neue Technik ausprobieren? Sie arbeiten an einem spannenden Projekt, aber wissen nicht weiter? Unsere Tutorials, Werbetrailer, Interviews & Making Of's auf **www.YouTube.com/Frechverlag** helfen Ihnen garantiert dabei, den passenden Ratgeber von TOPP zu finden.

Instagram

Sie sind auf Instagram unterwegs? Super, TOPP auch. Folgen Sie uns! Sie finden uns auf **www.Instagram.com/Frechverlag** Möchten Sie uns an Ihrem Lieblingsprojekt teilhaben lassen? Am besten posten Sie gleich ein Foto mit dem Hashtag **#frechverlag** & wir stellen Ihr Werk gerne unserer Community vor – yeah!

Alles in einer Hand gibt's hier:

Impressum

Fotos: frechverlag GmbH, 70499 Stuttgart: lichtpunkt, Michael Ruder, Stuttgart: Pia Pedevilla (alle Arbeitsschrittfotos)

Produktmanagement und Lektorat: Lara Schaufler

Gestaltung: Katrin Röhlig

Satz: WS – WerbeService Linke, 76185 Karlsruhe

Druck: Livonia Print SIA, Lettland

1. Auflage 2018

© 2018 frechverlag GmbH, Turbinenstraße 7, 70499 Stuttgart

ISBN 978-3-7724-7875-8 · Best.-Nr. 7875

Pia Pedevilla, ladinischer Muttersprache, lebt in Bruneck (Südtirol). Sie studierte Kunst in Gröden und Werbegrafik in Urbino. Seit Jahren ist sie im Bereich der Illustration und des Designs für Kinder tätig und hat lange Kunst und Werken unterrichtet. Heute leitet sie Fortbildungskurse für Lehrer und interessierte Erwachsene und gibt Unterricht in den Fächern Kunst und Musik an der Uni in Brixen. Im frechverlag hat sie über 100 Bücher über verschiedene Arbeitstechniken veröffentlicht. Auf ihrer Internetseite können Sie einen Blick in ihre Bücher werfen und erhalten Basteltipps sowie das aktuelle Kursangebot: **www.piapedevilla.com**

Außerdem ist sie auf Facebook als „Pia Pedevilla" aktiv.